央视市场研究

中国消费与传媒市场趋势 2018-2019
THE CHANGING CONSUMER AND COMMUNICATION MARKET TRENDS

徐立军 主编 | CHINA INSIGHT 中国洞察

中国财经出版传媒集团
中国财政经济出版社

图书在版编目（CIP）数据

中国消费与传媒市场趋势.2018—2019/徐立军主编.—北京：中国财政经济出版社，2018.10

ISBN 978-7-5095-8579-5

Ⅰ.①中… Ⅱ.①徐… Ⅲ.①消费市场－市场调查－中国－2018—2019②传媒媒介－市场调查－中国－2018—2019 Ⅳ.①F723.58②G206.2

中国版本图书馆 CIP 数据核字（2018）第235572号

责任编辑：周桂元　　　　　　　责任印制：张　键

中国财政经济出版社 出版

URL：http：//www.cfeph.cn

E-mail：cfeph @ cfeph.cn

（版权所有　翻印必究）

社址：北京市海淀区阜成路甲28号　邮政编码：100142

营销中心电话：88191537　北京财经书店电话：64033436　84041336

北京富生印刷厂印刷　各地新华书店经销

787×1092毫米　16开　15印张　193 000字

2018年11月第1版　2018年11月北京第1次印刷

定价：56.00元

ISBN 978-7-5095-8579-5

（图书出现印装问题，本社负责调换）

本社质量投诉电话：010-88190744

打击盗版举报热线：010-88191661　QQ：2242791300

序

戊戌年　砥砺前行！

2018年，是戊戌年。这一年，中国迎来了改革开放40年的大日子。回望40年的发展，中国经济一直处于高速运行的状态，这在世界经济发展史上都是一件不可思议的事情。40年后，换挡升级成为当下中国经济的新常态，增长质量比速度更加重要。40年来，以互联网为代表的技术进步引发的社会变革影响到了世界的每一个角落，中国从中分享到的红利也是不言而喻。当然，新技术也带来了新的挑战，我们要从经济、政治、文化、社会、教育等各个层面不断进化来应对新的变化。我们要应对的变化不止于内部，还有来自于外部环境的影响，当下尤以中美贸易摩擦最受关注，其影响也更为广泛，大国博弈，动辄全身。戊戌年，注定不是一个平淡的年份。

　　数据可以帮助我们更为清晰地洞悉变化与趋势。这是CTR要为客户带来的价值。我们每年举办的CTR洞察峰会以及出版的《中国消费与传媒市场趋势》就是集合CTR在媒介研究、广告研究、消费研究三大领域的研究资源，为中国市场奉上一年来的数据解读、研究积累与思考所得，目的就是以市场研究的视角去勾勒出中国经济发展的一个基本面，帮助我们的客户和朋友们在规划未来一年，乃至更长时间发展的时候做到心中有数。

　　在2018年8月份举行的"CTR洞察"峰会上，我们发布了最新的中国消费市场趋势、广告市场趋势、媒介市场趋势，"反弹"、"增长"、"升级"、"融合"等成为今年峰会的主要关键词。相比前两年，2018年的整体市场状况可以说一方面是"稳中向好"，另一方面是

"稳中有变"。我们会看到消费市场依然在稳健增长，且出现了线上消费和线下消费持续融合的趋势，同时我们也看到消费者的诉求越来越多元，品牌与消费者的关系也变得越来越复杂；广告市场在上半年出现了一个大反弹，广告主的信心也在增加，同时新的媒体市场环境也带来了全量营销的新课题；传媒市场的变化是显而易见的，其最为显著的特点就是媒体融合在不断加速，而且越来越多地突破了原有的业务边界，我们看到中国主流媒体在2018年有了很多的大动作。面对这样的市场，该如何辨析数据背后的规律与趋势，该如何布局未来？在"CTR洞察"峰会上我们给出了部分答案。本书的出版，将更加详细地呈现CTR的洞察。

这几年，从CTR发布的趋势报告中，我们都能感受到当今这个时代真的是变幻莫测，变化越来越大，变化的速度也是越来越快！我们都为"变化"这个词感到焦虑、恐慌，甚至"被折磨"。的确，环境永远在不断变化，但是也有不变的东西，那不变的是什么？什么是气象性变化？什么又是气候性变化？贝佐斯说，拥抱变化不如赌对不变，在我看来，我们既要对变化保持足够的敏捷性，去学习新的能力，去适应新的环境，又要有足够的战略定力，不为外界的纷扰所迷惑。我想，宏观形势好的时候，我们不能大意，而宏观形势不好的时候，其实也有一个好消息，那就是大家都不好——这个时候恰恰是淘汰落后产能的好机会，所谓"潮水退却才知道谁在裸泳"，也才显"英雄本色"。我记得许小年先生说过，成功的企业家并不都是优秀的企业家。今天，这句话就能得到检验了。

2018年，是戊戌年，也有人说逢"8"是大年，似乎每到有"8"的年份，都有大事件发生，都充满了更大的不确定性。但是我想，不管是企业也好，还是媒体也好，在这样一个充满不确定性的变局当中，关键不是要做大做强，而是要做"活"，要做得适合这个时代的发展。这一路上，CTR将一如既往地陪伴在我们的客户、朋友身边，用真材实料的数据，用专业的研究和洞察，来为我们的客户和朋友应对变化、应对不确定性提供助力!

戊戌年,让我们砥砺前行!

央视市场研究股份有限公司执行董事、总经理
CTR 媒体融合研究院执行院长

2018 年 9 月

目 录

第1编 | 中国消费市场趋势

1.1 重构新消费时代下的增长路径 / 003

1.2 城市居民生活形态与消费的变迁 / 009

1.3 消费升级下的新零售时代——零售发展趋势解读 / 019

1.4 2018全球品牌足迹报告 / 032

1.5 中国乳品未来增长之路 / 043

1.6 探索美妆增长新耀能 / 054

第2编 | 中国传媒市场趋势

2.1 中国媒介变迁的大趋势与小趋势 / 071

2.2 2018年媒体市场趋势 / 078

2.3 广告企稳回升，头部化格局显现——2018年中国媒体市场趋势 / 088

2.4 中国媒体受众市场发展趋势 / 104

2.5 移动端新闻类APP短视频形态用户需求研究 / 121

第3编 中国广告及营销市场趋势

3.1 全量营销：融合世界的视角 / 135

3.2 信心驱动未来——中国广告市场及广告主营销趋势 / 142

3.3 广告主对经济形势的预判及营销策略的改变 / 150

3.4 广告主媒体预算分配及对各类媒介工具运用的变化 / 166

3.5 中国"代际"现象探索与营销应用 / 188

3.6 线上、线下混合访问的新型市场调查方法研究 / 207

后记 / 229

第1编　中国消费市场趋势

1.1 重构新消费时代下的增长路径

最近,"消费升级还是消费降级"成为一个被广泛讨论的话题。在过去的一两年间,市场见证了一系列看似消费降级的品牌迅速崛起:网易严选通过主打"和高端品牌一个供应商",让消费者能够用一半的价格买到同样高品质的产品;瑞幸咖啡一夜之间刷屏一二线城市白领的朋友圈;小蓝杯用广告轰炸和深度促销迅速捕获粉丝;拼多多以去中心化的低价和拼团模式吸引超过三亿用户,创立三年便成功在美国上市。这些品牌的成功,意味着中国消费市场开始降级了吗?

一、消费市场的三大主题

凯度消费者指数(在中国隶属于CTR)的最新报告显示,2018年中国城市快速消费品市场依然稳健。年度消费金额增速从2016年起逐渐回暖,在截至2018年6月过去的一年中增速依然保持在4.5%,比上年同期略有上升。消费升级还在继续并进一步扩大影响。凯度消费者指数观测到整体快速消费品中价格对消费金额的正向贡献持续上升,从2017年的42%上升到2018年的64%。从渠道方面看,线上持续引领增长。线上年度消费金额增速达到30.3%,是全渠道增速的6倍。随着线上消费的逐步壮大,全渠道消费的趋势也进一步凸显。最近一年,约有57%的家庭会在线上和线下同时购买快速消费品,这些消费者通过在线上进一步消费升级，对线上消费额的有机增长作出了贡献。见图1-1-1。

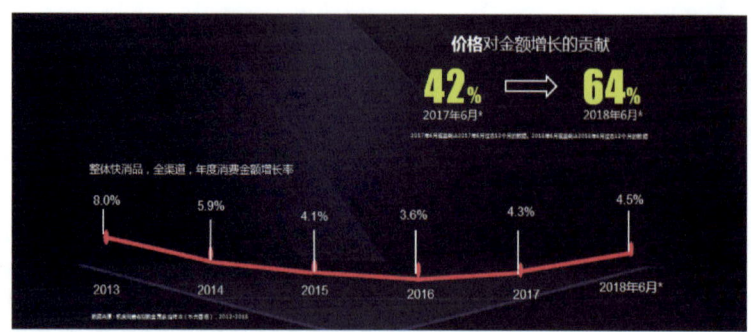

图1-1-1 价格对快速消费品消费金额增长的贡献

新消费时代下的增长需要进一步贴合消费者的需求。凯度消费者指数显示，最近几年消费者的需求依然围绕健康、即时和个性这三大主题。

首先，消费者对健康提出了更深层次的诉求，健康的概念由表及里，只有真正含有有益健康成分的产品才能打动消费者。例如护肤品牌HABA，在产品沟通中强调生物科技，在无添加的基础上保证产品的有效性和使用体验，受到了消费者的青睐。

其次，满足即时和高效的需求持续成为风口。便利的产品如洗衣凝珠和高端方便面，因其使用方式和产品食材满足现代都市消费者快节奏的生活方式而领跑市场。美妆产品中安瓶和遮瑕在短时间内帮助肌肤达到最佳状态，广受消费者的欢迎。小型超市和无人贩卖机满足了即时购买需求，在2018年吸引了更多的消费者。

最后，兼顾个性和愉悦的品牌才能脱颖而出。有型有趣的个性产品、跨界组合和IP营销更能在如今碎片化的消费场景中吸引大众的注意力。香水品牌祖马龙因提供多元个性的产品，避免"撞香"尴尬，在众多香水品牌中独树一帜；网红品牌喜茶最近联合巴黎欧莱雅推出口红礼盒，饮料跨界美妆给消费者带来新鲜感；日清拉王杯面推出了动画片《爱吃拉面的小泉同学》中出现的拉面口味,并通过在动画片尾中播出产品广告,迅速提升了产品在年轻人这一目标消费群体中的知名度。见图1-1-2。

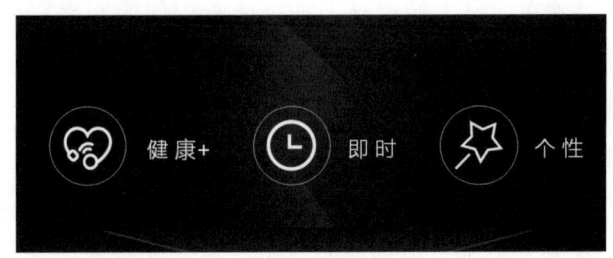

图1-1-2 消费者需求的三大主题

二、重新定义消费市场的三个关系

面对瞬息万变的市场,要实现增长,我们建议从三个方面着手,即重新定义品牌与消费者的关系、重新定义社交与购买的关系以及重新定义渠道的边界和使命。

1. 重新定义品牌与消费者的关系

在重新定义品牌与消费者的关系上,本土和国际品牌各有突破。国际大品牌放下身段,为了更好地抓住美妆消费贡献主力年轻群体,在品牌年轻化上持续努力。雅诗兰黛作为超高端美妆品牌,特别针对25岁及以下的年轻消费者进行品牌推广,过去一年在这群消费者中的销售额占比大幅提升。

而本土品牌大胆创新,运用新的科技和营销手段,吸引年轻一代。以个性化和年轻化著称的彩妆品牌玛丽黛佳,最近在快闪店内集结了色彩贩卖机、VR互动、网红拍照墙等各大新潮元素,在年轻消费者中赢得了很好的口碑。

同时,品牌也要善用意见领袖和偶像明星为品牌打call。相比明星,意见领袖拥有更多的产品信息,与消费者的互动更为频繁。他们深受新一代消费者的信任，并会对年轻消费者的购买行为产生很大影响。最近，潘婷的新品排浊能量水就大量启用意见领袖在社交媒体进行推广，配合数字媒体广告进行促销，获得了不错的销量。

此外，品牌在代言人的选择上如果能善用偶像明星，也可以帮助品牌迅速在年轻人中积累人气。农夫山泉在过去的两年中巧妙追逐热点积极拓展品类，它的维他命水选择当下最火的偶像"小鲜肉"带货，与节目深度合作，为品牌注入了新活力。

另外，品牌有效利用明星光环和内容营销平台，也有助于增加销售。2018年年初开始，一大批女明星入驻共享平台小红书，分享变美平价好物。一方面为明星提供展示真实自我的平台，满足粉丝好奇心；另一方面为平台提供了消费者一站式种草和拔草，增加了产品购买的机会。

2. 重新定义社交与购买的关系

在重新定义社交与购买的关系上，微信和拼多多为我们展示了社交驱动购买的无限可能。微信作为一款通讯工具，它的购物平台潜力正在逐渐被发掘。凯度消费者指数的数据显示，在过去的一年里，有五分之一的中国城镇家庭通过微信渠道购买快速消费品。消费者自发在朋友圈中晒图，通过社交媒介帮助品牌进行二次传播推广。此外，微信还为大量海外代购提供了产品宣传、沟通和交易的平台，让扫货再无国界。另一个将社交与购买深度结合的品牌是拼多多。它以拼团为形式，利用人与人之间在社交平台的紧密联系、社交媒体信息传播的即时便捷以及售卖商品与同类产品之间巨大的价差，创立至今短短三年间成功吸引超过3亿消费者。

3. 重新定义渠道的边界和使命

随着线上零售和线下零售的不断融合，渠道的边界和使命也在不断地被重新定义。过去，渠道定位清晰：沃尔玛代表的大卖场物有所值；淘宝代表的电商多样选择；全家代表的便利店方便快捷。然而随着新技术赋能，渠道的边界正在逐渐模糊，时间与空间的界限消失：

消费者通过网上超市进行传统的大宗采购；通过外卖和到家服务选择符合自己需要的就餐时间和消费的场所。渠道也成为媒体，全方位与消费者互动，抢夺消费者的注意力。商业范式发生了彻底的颠覆，而渠道的这种变化对于整个营销格局也产生了深远的影响。

2018年，线上与线下进一步携手合作相互引流，为消费者打造极致的体验。稳坐咖啡市场第一把交椅的星巴克近期终于宣布与饿了么合作，通过外卖的加持扩大服务边界和消费场景；黑科技赋能的智慧母婴室和家乐福智慧门店Le Marche，运用技术为妈妈带娃出行提供便利，通过提供扫码购和人脸支付等提升购物效率；设在商场内的快闪店好玩又新奇，激发了线下消费者参与体验的热情，实现了线上种草、线下体验，线上和线下购买的场景无缝链接；盒马鲜生将超市和餐饮结合，创造了即买即食的消费新场景。线上和线下的深度融合，将为零售业的价值带来一个巨大的提升。见图1-1-3。

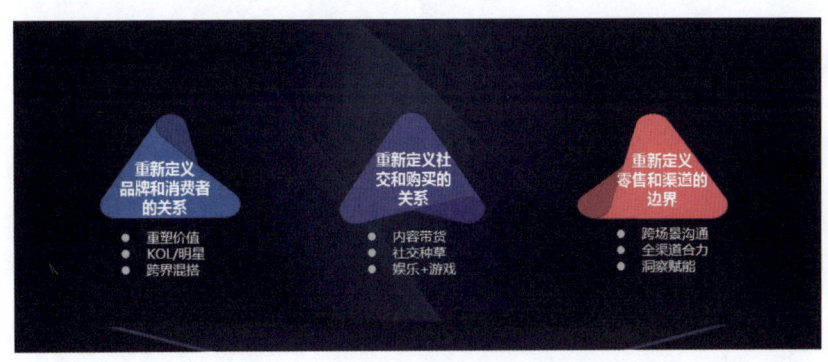

图1-1-3　重新定义消费市场的关系

今天的中国消费者持续消费升级，他们对健康消费有更强烈的诉求，对即时消费有更全方位的需求，对个性化消费有更多的选择和期待。当今的消费时代正在被不断重构，营销人员必须反思品牌成长的路径：重新定义品牌和消费者的关系。重塑品牌与消费者特别是年轻一代的链结，充分利用意见领袖和明星网红进行品牌营销宣传，并且通过跨界娱乐，让产品有料有型有故事。需要重新定义社交与购买的关系，在宣传中更关注深度的内容生成，通过社交媒体让更多消费者种草，利用娱乐和游戏的多种手法结合，进一步挖掘社交购物的潜力。最后，需要重新定义渠道的边界和使命，通过线上线下融合、购买和营销场景无缝切换以及技术赋能，来提升购物者的体验和随时满足消费者的需求，真正实现价值的飞跃。

（本文作者：虞坚，凯度消费者指数大中华区总经理、CTR媒体融合研究院执行副院长；韩璐，凯度消费者指数）

1.2 城市居民生活形态与消费的变迁

互联网的发展瞬息万变，移动互联网的崛起，大数据的挖掘，实体与虚拟的加速融合，互联网的发展已经导致了社会资源的分布重组。人们的生活正在被数字信息、社交网络、电子商务、移动互联网、物联网以及大数据等彻底改变。互联网产品广泛地覆盖了人们的衣食住行、娱乐、购物、社交等各种生活场景。网络不断催生出新的消费增长点，尤其是对人们生活场景的影响更是日益深入。随着大众生活的网络化，人们的语言、价值观、生活方式、消费理念、文化等都在不断改变，网络已经极大推动了居民生活形态和消费的变迁。

一、居民生活形态的变迁

1. 网络构建新的生活方式

随着信息时代的飞速发展，互联网为人们的工作和生活带来无尽的便捷，以互联网为基础构建的生态空间已经带给人们带来了新的生活方式。互联网带给人类的影响是颠覆性的，它是社会组织机构、权利关系和技术控制的一种根本性的重构，在网络新技术下，互联网以不同的方式塑造着人们的体验，在某种程度上这种方式甚至决定了内容。CNRS2017年的数据显示，城市居民的上网频率为每周41次，其中每天上网2—5次的占比最高，达到33.8%，其次是每天上网10次和以上的，占比达到22.2%，相比2016年的每周37次，城市居民网络使用频率在增长。见图1－2－1。

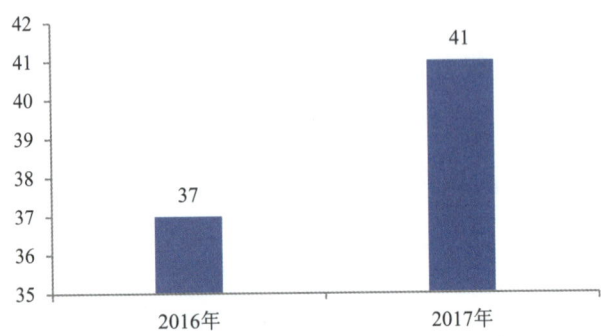

图1－2－1　城市居民周上网频率（次）

数据来源：CNRS－TGI中国城市居民调查2016—2017年（1—12月）60城市。

大城市居民上网频率和时长的增加，说明了当今互联网对生活的影响在深入。CNRS2017年的数据显示，52.4%的城市居民现在花费更多的时间在网络上，他们认为网络越来越成为生活中不可缺失的一部分，76.1%的城市居民表示，当需要信息的时候，他们首先想到的是从网络上获取。

互联网正在深刻改变人们的生活方式，其自媒体的属性带来了全民媒体化，代表着一种全新的网络生活方式。在网络世界中，不仅人类世界的一部分转化成为虚拟环境，而且人们日常生活的世界也逐渐与虚拟时间和空间交互在一起，网络对社会影响的突出地位，正如德国学者托马斯·迈尔所认为的：网络媒介作为社会问题的侦探，社会的检察官，推动社会团结整合的论坛，引导社会舆论并调动积极性的发动机，全面影响了当代社会生活。随着网络越来越多地参与到人们的生活中，大众有意无意地受到网络文化形态的影响、信息形态的影响、娱乐形态的影响等。在现实与虚拟、过去与未来、物质与精神的多维度交织点上，互联网新技术带给人们新的生活体验，为人们构建了一种全新的生活方式。

2. 网络对社会交往的影响

网络通过其特殊的社会职能延伸到社会交往的各个方面，并对其产生引导和制约的作用。社会交往包括物质交往和精神交往两个方面，因此，网络对社会交往的影响，也可以归结为对物质和精神两个方面的影响。

（1）网络对物质交往的影响

在当今这样一个信息技术高速发展的社会，网络充分利用高科技手段，对人们进行信息轰炸，人们受到网络的深刻影响，无形中改变了自己原有的生活方式，朝着网络所设定的生活模式转移。

CNRS2017年的数据显示，41.8%的城市居民经常利用互联网制定购物计划，而在2016年，此项统计的结果为36.2%，仅仅一年的时间通过网络制定购物计划的比例上升了5.6个百分点；另外54.7%的城市居民认为网络购物使生活变得更加轻松了。可见网络对人们生活的影响正在逐步加强。见图1-2-2。

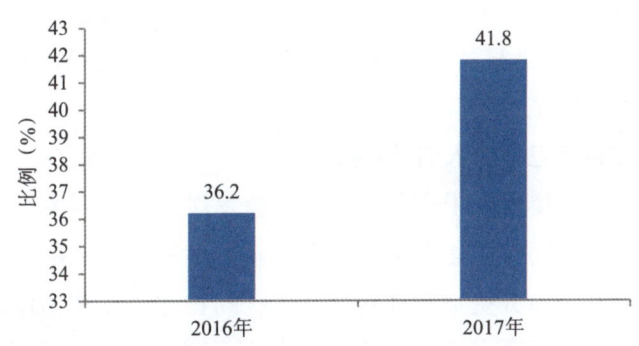

图1-2-2　网络定制购物比例

数据来源：CNRS-TGI中国城市居民调查2016—2017年（1—12月）60城市。

网络通过信息手段介入人们的社会交往，影响着人们的思想，进而影响着人们的消费观念。例如，人们在购买汽车的时候需要考虑实用性等方面。但是购买何种汽车，实际上受到广告、时尚杂志，或者某一流行趋势的影响。此时，网络作为一种信息传播媒介，就发挥了重要影响。CNRS2017年的数据显示，33%的城市居民表示网络广告创意独特，他们越来越喜欢观看网络广告了。同时与传统电视媒体相比，网络传播广告的效果也不容小觑，33.3%的城市居民认为网络广告更容易接受。

（2）网络对精神交往的影响

精神交往是伴随着人类意识和语言的出现而产生的，网络深刻地改变了人与人、人与社会的关系，将人类的精神交往引领到了一个全新的时代。

网络作为一种交往手段，是一个现实交往与虚拟交往相互融合的过程，其实质就是现实交往的拓展。网络精神交往是一种自主、自愿、开放的交往，从传统的单向交往和线性交往方式变为多向交往和非线性交往。

网络交往中的精神交往主要体现在网络交流上，网络科技的飞速发展为人们提供了多种沟通工具。这些沟通工具不仅有微信、QQ和微博等聊天工具，还涵盖了各类学习网站、在线课堂等，网络技术为人们的交往提供了极大的便利，使人与人的交往更加自由和广泛。CNRS2017年的数据显示，41.5%的城市居民表示他们经常通过社交媒体同网友进行交流。

3. 电子商务已成为人们基本生活形态

网络的普及使得电子商务得到了飞速发展，电子商务在信息网络技术不断进步的同时，逐渐走进一个全新的发展阶段。虽然传统的购物方式相比电子商务更加有趣味性，传统购物方式在购物体验、消费保障和及时性方面都优于电子商务。但是，随着快节奏的生活方式，或出于时间、便捷性、隐私等问题的考虑，传统购物方式已经无法满足人们的个性化消费需求了。淘宝、京东、当当等购物网站的出现，更使人们的消费观念和消费习惯产生较大的改变。

以O2O这种电子商务形式为例，CNRS2017年的数据显示，过去一个月内使用过O2O服务的城市居民比例高达75.1%，相比2016年的62.7%，提高了12.4%。见图1-2-3。

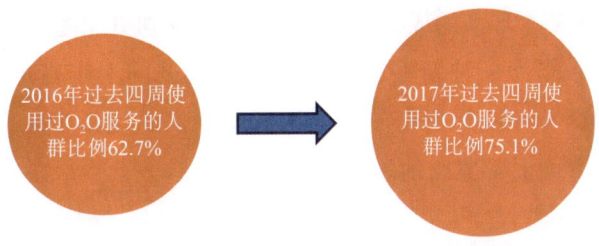

图 1-2-3 消费者使用 O2O 的比例

数据来源：CNRS-TGI 中国城市居民调查 2016—2017 年（1—12 月）60 城市。

城市居民使用 O2O 服务的种类几乎涵盖了日常所有生活场景。见图 1-2-4。

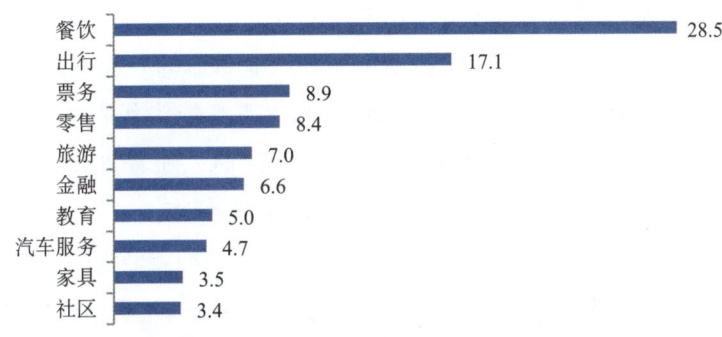

图 1-2-4 消费者使用 O2O 的情况

数据来源：CNRS-TGI 中国城市居民调查 2017 年（1—12 月）60 城市。

此外，人们的支付方式也出现了明显的变化，由线下支付转为线上支付方式。CNRS2017 年的数据显示，63.1% 的城市居民更偏爱在线上支付，其中支付宝是使用最多的线上支付方式。在过去的一年中，使用过支付宝的城市居民比例达到 62.6%，其次为微信支付，占比为 54.1%。

总之，电子商务所带来的影响可以归纳为以下几点：电子商务为人们提供了更加丰富的商品信息，增加了人们购物的可选择性；电子商务不受时间、地点等因素的影响，节省了消费者的购物时间，更加方便快捷；电子商务相比传统商务模式来说，节省了中间采购、生产、库存、配送和交易等多个环节的成本，消费者可以享受到更加优惠的价格。

电子商务作为一种新型的交易方式，通过网上丰富的商品信息、不受限制的交易环境和安全的资金结算给人们的生活带来了便捷，并与生活的方方面面都紧密地联系起来。

二、2017年消费升级的几大特点

21世纪的第一个10年，居民消费规模持续增长，尤其是与汽车产业、IT产业以及房地产产业相关产品的消费增长最为迅猛。然而此阶段的消费结构并未发生质的变化，消费结构仍然停留在产品和服务本身，并且消费习惯和消费场景也均未发生改变。

但是近几年，随着新一轮技术革命和产业革命的兴起，以互联网、移动互联网、物联网、大数据、云计算和人工智能为代表的信息技术的出现，彻底改变了人们的消费习惯。与此同时，随着2015年中国人均GDP突破8000美元，新一轮的消费升级已经到来。

进一步分析消费升级的趋势和特点可以发现，随着经济的持续发展，消费升级对应的重点经历了一个由低级向高级转变的过程，也可以理解为由初级的生理需求向高级的自我需求的转变。见图1-2-5。

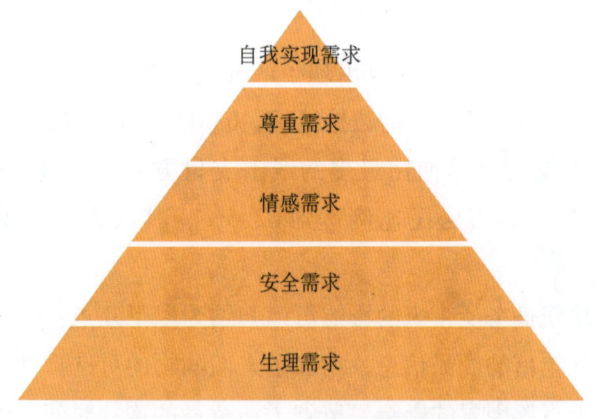

图1-2-5 马斯洛需求层次理论

随着消费者越来越成熟、越来越挑剔，普遍性的市场增长时代逐渐走向尽头。消费形态正从购买产品到购买服务，从大众产品到高品质商品的转型。同时，消费者也开始寻求更为均衡的生活方式，例如对健康、家庭和体验为主的关注。

1. 追求品质与服务体验的消费升级

在消费升级的浪潮中，以品质提升、服务体验升级为驱动的消费将成为商业市场的特征之一。大众开始追求高品质的生活，也愿意为高品质和高端服务体验买单，他们青睐线上与线下相融合的消费场景。CNRS2017年的数据显示，消费者更加注重商品的品质，价格已经不再是消费首要考虑的因素。见图1-2-6。

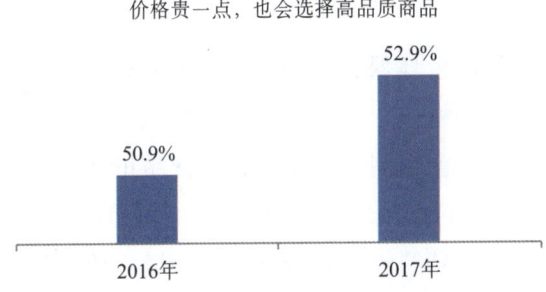

图1-2-6 品质消费升级-追求品质

数据来源：CNRS-TGI中国城市居民调查2016—2017年（1—12月）60城市。

居民收入的增加带动了消费习惯的变化，不仅提高了对商品品质的要求，消费过程的体验也成为消费者关注的重点。消费者更加愿意为体验、环境、情感和服务买单。越来越多的商业项目注意到这一趋势，纷纷增加休闲、餐饮、娱乐以及游乐设施等一系列提高消费体验的场景，透过轻松愉悦的购物环境，以实现对客流的重新聚集。CNRS2017年的数据显示，消费者会经常出入购物环境好的地方买东西，比例高达89.6%，相比2016年的78.6%，提高了11个百分点。见图1-2-7。

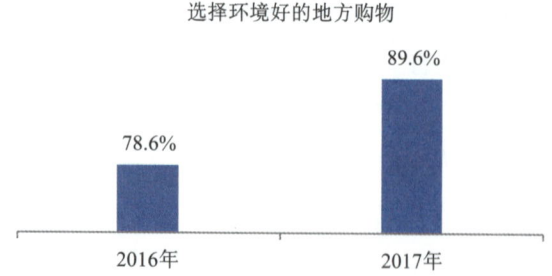

图1-2-7 消费升级-优越的消费环境

数据来源：CNRS-TGI中国城市居民调查2016—2017年（1—12月）60城市。

2. 追求绿色健康生活的消费升级

随着生活水平的不断提高，消费者已经不再仅仅注重享受型消费，健康消费也成为新的热点。从低碳出行，到有机食品，再到运动健身，无不折射出大众的绿色环保、健康养生的生活理念，绿色健康正在成为一种生活方式。

以最为基础的饮食为例，近几年有机食品正在逐渐进入大众的生活视线。CNRS2017年的数据显示，56.0%的城市居民会选择有机和绿色食品，即使这类食品的价格要贵一些。接近六成的城市居民越来越倾向于绿色、健康食品，价格已不再作为主要关注点，人们的饮食习惯正在发生改变。此外，72.8%的城市居民表示只要有可能，他们就会购买性能更好的产品。

另外，除了在饮食方面，大众对于体育锻炼也同样重视。CNRS2017年的数据显示，92.2%的城市居民每个月至少进行一次体育锻炼，其中每周至少锻炼一次的比例最高，为57.9%。

3. 以家庭为重的消费升级

对越来越多的人来说，拥有幸福的家庭是人生成功的基石。近年来，在追求社会地位和财富的同时，人们对家庭的重视程度也在不断提升。CNRS2017年的数据显示，64.2%的城市居民认为家庭和事业相比，家庭更加重要，另外还有64.3%的城市居民认为跟家人在一起更加快乐。

以外出旅行为例，CNRS2017 年的数据显示，过去一年经常外出旅行的人群中，已经成家的人群相比单身人群对于外出旅游的倾向性更高。在未来一年有外出旅行计划的人群中，已经成家的人群相比单身人群的倾向性也更高。见图 1－2－8。

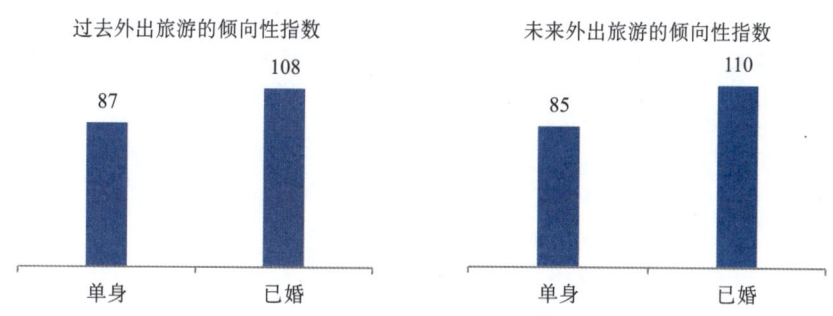

图 1－2－8　消费升级—外出旅游倾向指数

数据来源：CNRS－TGI 中国城市居民调查 2017 年（1—12 月）60 城市。

4. 线上与线下渠道的融合，打造新零售

随着中国消费者和厂商对于电子商务的追捧，一个新零售时代悄然来临。消费者希望在日常生活的各个场景随时、随地、随性地选购商品。尽管目前淘宝、京东等成型的线上销售渠道可以满足消费者的个性化网购需求，然而从长远来看，人们更期待线下与线上相融合的全渠道购物体验。为适应消费者对线下和线上购物的期待，企业必须跳出传统的电商渠道思维，转而为消费者提供多渠道服务。

新零售的核心就是线上与线下有机地结合，通过利用互联网技术对现有零售实体的改造，提升商业效率和用户体验。电商平台和实体零售行业应该由竞争关系转变为取长补短、融合发展的关系。以消费电子产品为例，如果消费者在线研究之后，又到实体店体验，那么购买该商品的几率会大大提高。

以实体店购物为例，CNRS2017 年的数据显示，59.2%的大众表示他们非常喜欢商店内的新产品展示，只要经过就一定会进去看看。由此可见，实体店的体验服务是相当重要的，通过实体店可以进一步聚拢消费者。

新零售模式已经成为发展趋势，而它的要求就包括精准化、场景化的体验式服务，这需要电商平台和实体零售业相互合作，及时了解消费者的各种个性化需求。

（本文作者：姚林，央视市场研究资深研究顾问；李昀铂，CTR 媒介与消费行为研究部）

1.3

消费升级下的新零售时代
——零售发展趋势解读

凯度消费者指数一直致力于连续跟踪调查中国消费者的真实购物行为。该指数对中国家庭经常购买的 106 个快速消费品品类进行了长期的追踪和研究,这有助于我们对于消费者购买行为的变化和渠道/零售商的变化有一个长期而又深刻的认识。

该指数通过连续数据观察到新时代的中国消费者的购买行为发生了重大变化,对于生活品质的追求使得他们在有利于改善健康和提升生活品质的消费品上面的花费不断提高,快速消费品市场销售额在经历了连续 5 年的增速放缓后,第一年出现反弹。

伴随着消费者购买行为的变化,零售市场也发生了重大变化。传统的零售渠道以及大卖场面临着持续的人流量下滑,而更小型、更便利的零售业态增速较为乐观。电商仍然一枝独秀,引领着整个零售市场的发展。同时,在消费者和新技术的推动下,零售市场上也涌现出了各种不同的新零售业态,但是,无论如何推"新",新零售仍然脱离不了以消费者需求为中心的本质。

第一,对于品牌而言,在新的时代,需要紧跟消费者的需求变动和零售市场的变化,积极调整策略。

第二,从产品设计上来说,需要贴近新生代消费者的喜好,满足升级需求。

第三，充分利用社交媒体和技术娱乐与新生代消费者互动，提升品牌和产品体验。

第四，借力O2O，抓住新的使用场景激活新的购买时机，包括抓住中小业态的机会以及抓住户外消费者的机会点。

第五，重视社交电商如微信生态的发展。

第六，做好多渠道运营的准备和管理，优化产品在不同渠道的推广。

一、快速消费品市场回暖

党的十八大以来，国家实施创新驱动发展战略，加快调整经济结构，实现产业优化升级。在新的经济战略指导下，整体经济增速平稳放缓，直到2017年增速首次回升到6.9%。

紧跟经济发展的快速消费品（以下简称"快消品"）市场也开始回暖，2017年，快消品整体在全渠道的销量增长率恢复到4.3%，高于前两年的增速。另外，我们也看到中国快消品增长转向二三线城市。在这背后，持续的高端化和城镇化是快消品整体市场成长的两大助推力。

高端产品在各品类的销量增速明显高于品类的平均增速（高端产品定义为产品平均价格高于市场20%）。同时，进口快消品增长迅速。凯度消费者指数家庭样组的数据显示，2017年比2016年，进口快消品增速达到6.1%；不仅是快消品，进口生鲜消费也由于其品质稳定而深受消费者喜爱。京东的数据显示，2017年京东的生鲜销量同比增长超过330%，销售额同比增长2.4倍；而根据天猫春节"照常买"的统计，春节期间，进口生鲜成交额比上年增长近3倍，智利帝王蟹、波士顿大龙虾等都成餐桌宠儿。

现在由于出国旅游者的增多，也让消费者有更多的机会接触进口商品。根据中国旅游局2018年公布的数据，出境游2017年比上年增长

7%，出境游 2017 年累计达到 1.3 亿人次。见图 1-3-1、表 1-3-1、图 1-3-2、图 1-3-3。

图 1-3-1　2013—2017 快速消费品增长率

数据来源：凯度消费者指数全国家庭样组。

表 1-3-1　　　　2017 年各级别城市快消品增长率

不同级别城市	增长率
一线城市	3.5%
二线城市	4.8%
三线城市	4.4%
四/五线城市	3.9%

数据来源：凯度消费者指数全国家庭样组。

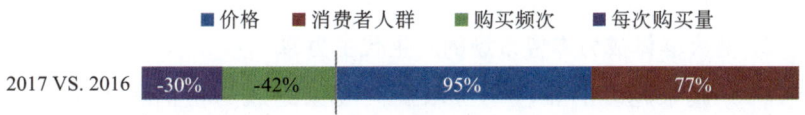

图 1-3-2　快速消费品消费额增长贡献率

数据来源：凯度消费者指数全国家庭样组。

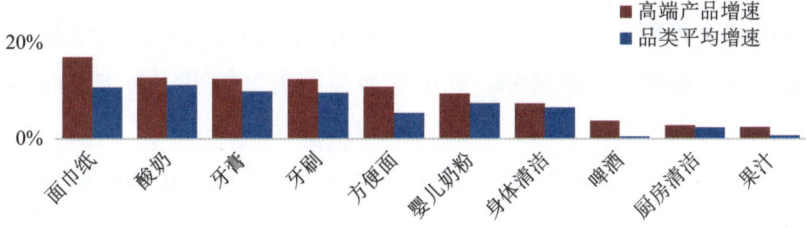

图 1-3-3　2015—2017 年快消品复合年均增长率

数据来源：凯度消费者指数全国家庭样组。

二、中国消费者的变化推动市场发展

在零售市场变化背后更深层次的原因则是中国的消费者发生了变化：

1. 国民收入普遍提高，中国家庭更加富裕

国家统计局的数据显示，全国人均可支配收入在 2017 年同比增长了 9%。同时，由国家发改委组织编写的《2017 年中国居民消费发展报告》中的数据显示，2017 年中国全国居民恩格尔系数为 29.39%，首次突破 30%。而从传统的国际经验来看，发达国家或者富裕国家的恩格尔系数一般在 20% 至 30% 之间。

同时，这份报告也提到，在 2017 年服务消费占比继续扩大，教育文化娱乐、医疗保健支出占居民消费支出的比重分别为 11.4% 和 7.9%，比上年提高 0.2 个和 0.3 个百分点。消费升级类商品的销售增长较快，通讯器材、体育娱乐用品和化妆品类商品分别增长 11.7%、15.6% 和 13.5%。

2. 两大群体成为零售市场的新生代主力军

（1）越来越多的年轻单身以及夫妻家庭成为快消品市场的潜力人群

年轻的 18—34 岁的单身或者家庭，对于品质生活有着更高的追求。凯度消费者指数 2017 年的数据显示，虽然年轻单身及家庭在快消品上的户均花费目前只是是平均家庭的九成，但在对提高生活品质方面的开支，如咖啡、保健品、猫粮等品类花费上的平均增速要远高于市场的平均水平。

（2）出生于 20 世纪 50—60 年代的消费者也同样成为消费升级的主力军

出生于 20 世纪 50—60 年代的消费者基数庞大：中国 2010 年人口普查的数据显示，1950—1960 出生的中国人口为 1.5 亿人。同时，凯度消费者指数的2017年数据显示,与年轻消费者偏好的品类不同,他们对于红酒、橄榄油和狗粮等品类的购买金额增速远高于市场的平均增速。不仅如此,这群消费者也能紧跟时代潮流,充分利用现代科技产品以及购物平台:凯度消费者指数的家庭样组数据显示,有超过一半的中老年家庭在2017年曾在网上购买过快消品。

3. 消费者对于生活品质的追求带动消费升级

消费者对于生活品质的追求具体表现在这几个方面:健康安全,快乐享受,简单便利。

(1) 更加注重健康和安全

随着近几年食品/医药安全丑闻的持续发酵,中国的消费者对于食品安全问题有非常高的关注度。同时,随着经济条件的改善,中国居民对于环境污染问题也日益关心。消费者不仅更加注重运动和自身的健康,同时也会选择更加健康安全的食物或者日用品。中国人口结构的老龄化,社会对儿童/青少年的日益关注,也加大了人们对健康/安全的诉求。

(2) 在消费的同时追求快乐享受

人均可支配收入的提高让消费者更注重消费体验,也能够去追求符合自身新阶级属性的生活方式。消费者会被更加有趣的商品和购物体验所吸引。随着人们生活场景变得更为多样,消费者也增加了对于休闲娱乐方面的消费和关注。根据原国家新闻出版广电总局的数据,2017年中国电影票房收入559亿元人民币,同比增加13.4%。凯度消费者指数体育调查的数据也显示,中国田径协会中国马拉松2017年A+B类认证赛事达到了256场。

(3) 追求简单便利

现代生活的快节奏让消费者更加偏好便利的产品以及渠道。方便食品如方便面、冷冻食品等近年来增长迅速;消费者也更喜欢在离家近的超市或者便利店进行购买,或者就直接通过网购和O2O服务进行更加快捷方便的购物;而科技加持的产品也使人们的生活变得更加简单,例如扫地机器人的兴起和畅销对传统的家居清洁市场造成了冲击,根据阿里零售平台的数据,扫地机器人在近 5 年的销售金额增长了 30 倍。见表 1-3-2。

表 1-3-2　　2017 年三个速食品类的年度消费金额增长率

品类	金额增长率
速溶汤	13%
速冻食品	9%
方便面	7%

数据来源:凯度消费者指数全国家庭样组。

4. 消费者注意力碎片化以及流量的碎片化

人类科技的进步,互联网的加入以及新媒体的出现使得零售市场的竞争变得更加激烈。随着时代的进步和消费需求的变化,消费者有了更多的选择,消费者既可以前往大卖场购物,也可以就近在社区便利店购买;在线上,消费者可以去天猫、京东等平台购物,但同时也会被微信、海淘网站、拼多多、小红书等不同类型的平台所吸引。为了争夺流量,互联网各大平台的竞争也愈发激烈。

可以说,品牌或者零售商已经不能仅靠一种业态抓住消费者,因为消费者已经被各种各样的平台所分散了,不仅消费者的注意力是分散的,消费者流量本身也是碎片化的,这对于品牌和零售商的运营进一步提出了挑战。

三、零售市场在机遇和挑战并存的时代发展前行

从各个渠道表现来看,现代通路(包括大卖场,超市等)眼下仍然在市场上具有最重要的地位。但我们也看到,大卖场仍然面临着人流量连续下滑的严峻情况。而小型的零售业态,如小型超市则有着更快的发展速度。当然我们也在市场上观察到便利店和传统杂货店也正面临着 O2O 服务兴起的挑战和机遇。艾瑞咨询的数据显示,中国 O2O

市场的年增速在30%左右,大部分扩张源于O2O到家服务,例如送餐和配送,增速高达76%。

同时我们也观察到了户外消费市场蕴含的巨大商机。饮料,零食,乳制品的户外消费已经可以占到家户总花费的54%,户外消费的特点是单价低但频次特别高,几乎是户内消费的两倍。与在家消费大卖场独占鳌头不同,户外消费市场上消费需求更多样化,对应的消费场景也各不相同。除了传统的零售渠道之外,休闲渠道(餐厅,KTV,电影院,酒吧,健身房等)在外消费的占比高达45%。见图1-3-3、表1-3-3、表1-3-4、图1-3-4、表1-3-5。

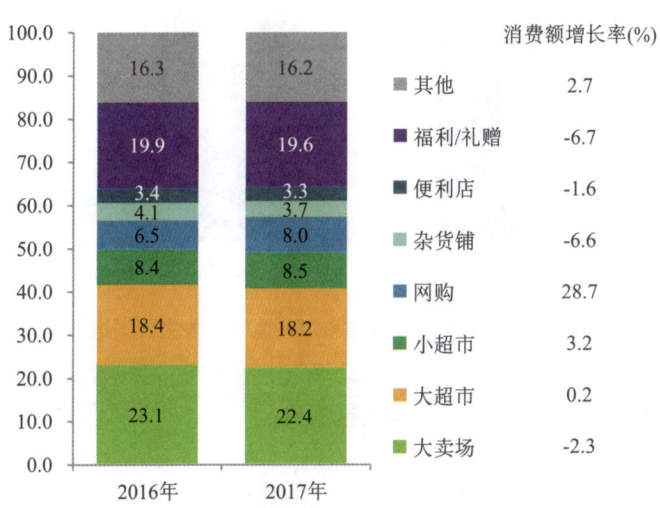

图1-3-3　2017年快消品市场各渠道销售额占比以及增长率

数据来源:凯度消费者指数全国家庭样组。

表1-3-3　　　　2017年各渠道主要指标增长率情况

指标	大卖场	大型超市	小型超市	便利店	杂货店
渗透率	-0.4%	0.3%	4.0%	2.8%	0.2%
购买频次	-4.5%	-2.2%	-3.1%	-2.8%	-9.1%
单次购买金额	3.0%	1.4%	1.3%	-1.0%	0.9%

数据来源:凯度消费者指数全国家庭样组。

表 1–3–4　　　　2017 年户内和户外消费指标对比

指标	户内	户外
金额占比	46%	54%
购买频次	52	89
客单价（人民币）	44	16
次均购买件数	5.3	2.4

注：覆盖品类包括：饮料（瓶装水，功能饮料，亚洲传统饮料，果汁，茶饮，咖啡，碳酸饮料，奶茶），啤酒，零食类（饼干，巧克力，口香糖，薄荷糖，糖果，咸味小食），乳制品（冰淇淋，液体奶，豆浆豆奶，酸奶）。

数据来源：凯度消费者指数家庭样组户外样组。

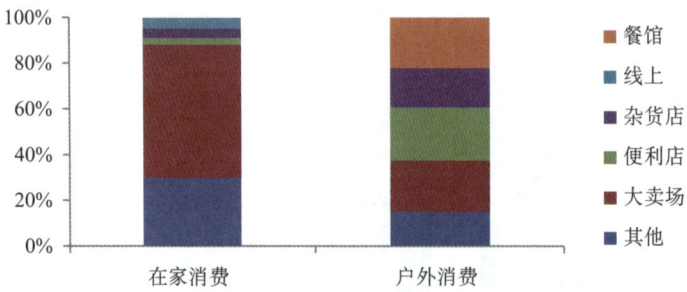

图 1–3–4　2017 年在家消费和户外消费在各主要渠道销售额

注：10 种饮料零食具体包括：饼干，糖果，口香糖，巧克力，果汁，瓶装水，酸奶，啤酒，碳酸饮料，即饮茶和传统饮料。

数据来源：凯度消费者指数全国家庭样组户外样组，重点省会城市。

表 1–3–5　　　　在家烹饪和在外就餐的增长率情况

场景	复合增长率（2010—2013 年）	复合增长率（2013—2016 年）
在家烹饪	4%	3%
在外就餐	13%	10%

数据来源：中国烹饪协会；国家统计局。

1. 电商引领整体渠道的增长

（1）电商有机增长推动电商重要性进一步提高

电商的份额年增长率为 8%，引领了整体渠道的增长。持续扩大的消费者群体和快速增长的购买频次是电商快速发展的主要动力。而我们也从数据中看到,线上渠道的增长中有60%都是有机增长——为消费者创造了新的需求所带来的增长。

(2)有越来越多的消费者在线上和线下同时进行购买

这部分消费者的人数在2017年占到了整体消费者的56%,而他们也有着更为强劲的购买力。在2017年,同时在线上和线下购买的消费者人均消费额是只在线下购买的消费者消费额的1.2倍。

(3)品牌借力线上获得发展

小众品牌在线上如鱼得水,凯度消费者指数的数据显示,前50名的品牌在线下的金额能占到28.9%,而在线上前50名的品牌仅能占到16.4。我们在母婴用品市场上看到,婴儿辅食品牌嘉宝在线下仅有0.7%的金额占比,但在线上能占到3.2%的市场份额。

而一些国际品牌除了通过线上拓展业务,也在借机会提升知名度。在2017年,花王在下线城市(三四五线城市)30%的购买者人数提升来自于线上。

(4)线上流量成本也不断提高,电商增速放缓

凯度消费者指数的数据显示,在过去的三年里,快消品市场线上增速逐渐放缓。线上已经过了爆发式增长时期,大型电商平台也必然要寻找突破点。见图1-3-5、图1-3-6、图1-3-7。

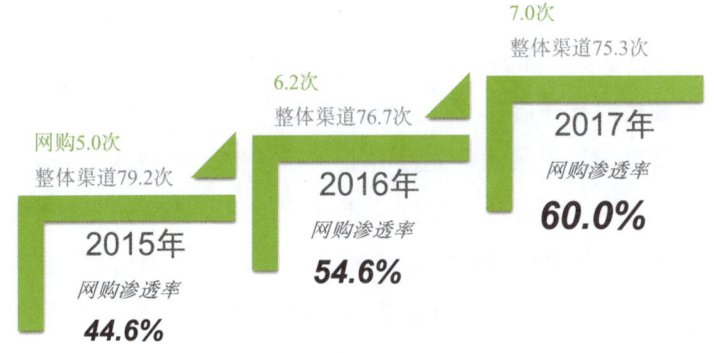

图1-3-5 网购渗透率以及购买频次变化

数据来源:凯度消费者指数全国家庭样组。

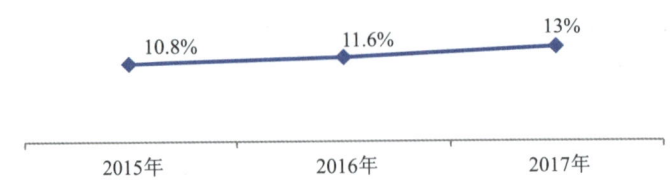

图 1-3-6　2015—2017 年 KAO 花王制造商快消品的下线城市渗透率

数据来源：凯度消费者指数全国家庭样组。

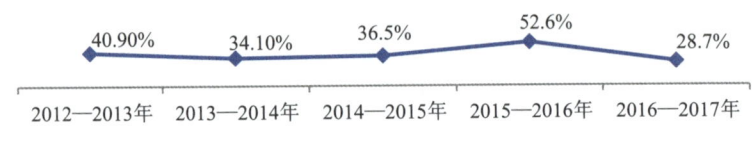

图 1-3-7　2012-2017 年电商年增长率

数据来源：凯度消费者指数全国家庭样组。

2. 技术进步也同时成为零售市场成长的动力来源

作为连接消费者和生产商的中间人，零售商发展的历史也是科技推动的历史。从交通运输条件的改善到电气时代传递信息的时间大大缩短，再到互联网普及并改变世界格局，零售商依赖数据与顾客进行互动，通过信息技术推动商业向顾客深度参与的方向发展，而今，云（云计算、大数据）、网（互联网、物联网）、端（PC 终端、移动终端、智能穿戴等）构建起"互联网+"下的新社会基础设施，为新零售的发展准备了必要条件，并提供了发展动力。

3. 新零售时代开启

2017 年阿里巴巴集团首先提出了"新零售"的概念，开启了媒体口中所描述的新零售元年。从这一年开始，各种新型的零售形态纷纷在市场上涌现，阿里和腾讯也分别与线下的零售巨头们达成战略合作，共谋未来零售业的发展，同时也进一步加速了线上与线下零售的融合。

（1）新零售业态层出不穷，各种业态创新融合

目前市场上出现的新业态主要有以下几种：

第一，以生鲜为主打品类，加入餐饮和 O2O 元素的零售业态。如

盒马、7 Fresh、苏鲜生等。

第二，无人零售，包括无人货架、无人超市等业态。如猩便利、缤果盒子、京东X无人超市等。

第三，智慧门店，各种在母婴用品、彩妆、服装、超市等领域的技术运用。比如应用于超市，增加支付体验的扫码购，应用人脸识别技术的刷脸服务；应用于彩妆领域进行虚拟试妆的AR（Augmented Reality）扩增实境技术等。

第四，快闪店（Pop-up stop），创意营销结合零售店面的新业态。如香奈儿游戏厅、丧茶奶茶店等。

第五，经过大数据赋能后的便利店，可以由传统的夫妻店在选品、会员、营销、门店、数据化等方面改造而来，如天猫小店、京东便利店，也可以是直营如苏宁小店。

（2）新零售的定义和本质

何为新零售？根据率先提出新零售概念的阿里的定义：新零售是以消费者体验为中心的数据驱动的泛零售形态。新零售重构了零售市场上的人货场：从"货—场—人"到"人—货—场"，而其本质就是无时无刻始终为消费者提供超出期望的"内容"。

如果进一步解读的话，新零售本质上还是零售，从杂货店到百货商店，再到超市、大卖场等现代通路的兴起，再到购物中心和便利店的遍地开花，回顾零售业态的发展，都是顺应着消费者不断升级的需求而发展变化的。

新零售的"新"可以归纳为以下几点：

第一，契合新时代消费者的升级需求，新零售能想消费者所想，卖消费者想买；

第二，能让消费者得到更优质的服务和更好玩的体验；

第三，增加了和消费者的接触点，让消费者购物更加便利。

四、新零售时代品牌的致胜机会点

1. 从产品设计来说，需要贴近新生代消费者的喜好，满足升级需求

针对年轻人群产生了更加个性化和年轻化的产品设计。

例如小猪佩奇饼干自2016年上市以来，持续吸引到年轻有小孩儿的家庭，此类家庭在品牌消费者的占比是包装饼干平均的一倍：凯度消费指数数据显示，2017年小猪佩奇品牌年轻家庭占比为63%，而包装饼干平均仅31%。目前小猪佩奇已进入饼干品牌前20名的行列，2017年销量增长6倍。

而像老字号的一些品牌也借助更加年轻化的产品线焕发出新的活力，比如百雀羚线上推出了产品系列中品牌形象更为年轻的"小雀幸"系列，该系列产品以面膜为主打，迎合线上年轻消费者的需求。而百雀羚也是目前消费者触及数过亿的品牌。

通过科技研发的提升，开发贴合消费者升级需求的产品。

我们在乳制品市场上观察到，新兴品牌乐纯采用德国技术，建立了覆盖全国的冷链，开发出了高品质的高端酸奶。乐纯的销售也在2017年提升了4倍。

2. 充分利用社交媒体和技术娱乐与新生代消费者互动，提升品牌和产品体验

奥利奥游戏盒饼干在营销过程中就做到了线上线下互动：首先奥利奥请到了当红年轻明星代言品牌，也同时在产品包装表面植入了二维码进行互动，通过扫描二维码，消费者可以激活18款小游戏进行娱乐互动。这次营销帮助奥利奥1秒售出4000件，粉丝5分钟抢空游戏盒。

3. 借力O2O，抓住新的使用场景激活新的购买时机，包括抓住中小业态的机会以及抓住户外消费者的机会点

品牌可以通过实体店或者快闪店等形式，为消费者创造更多真实的体验，拉近和消费者的距离；同样也不能错过消费者在外就餐、看电影以及咖啡馆等场景下的巨大机会。

4. 重视社交电商如微信生态的发展

微信不仅是即时通讯以及社交的平台，也是在线购物的平台。凯度消费者指数的数据显示，微信交易在2017年同比增长了52%，达到了整体快消品金额的1.4%。尽管目前微信交易的体量还相对较小，但在腾讯大力推动建立微信商业平台以及微店等在线服务的助力下未来可期。而微信钱包让消费者既可以轻松完成 IN – APP 购物，其社交属性又可以让用户能够互相影响彼此的购买决策，社交电商也可以帮助推动商店进行销售转化。

5. 做好多渠道运营的准备和管理，优化产品在不同渠道的推广

网络可以是品牌的孵化器，但是进一步发展仍然需要线上线下互动，多点触及，全面覆盖消费者。全渠道布局中渠道需要各司其职，渠道产品也可以实现差异化，避免价格竞争，专供产品也是一个可以考虑的方向。以化妆品行业为例，化妆品店可以作为一站式购物首选，而专柜/品牌店则是用来实现全方位品牌体验。

（本文作者：吴婕，凯度消费者指数）

1.4

2018 全球品牌足迹报告

全球政治经济环境出现了前所未有的变化。因此，不同品类和规模的快速消费品品牌都不得不在此形势下摸索前行。一年后，尽管市场面临各种各样的宏观经济挑战，但对大多数品牌而言，首要目标仍是实现增长。多年来，很多品牌都将提高效率和节约成本放在首位，给利益相关者带来价值。如今，大多数品牌都意识到，销售增长是实现这一目标的最佳途径。本土品牌与全球品牌对消费者的争夺也日益激烈。它们努力寻找更多的消费者，努力加深消费者与其品牌之间的关系，比如它们可以借助品牌信息、品牌使命、市场供应及其产品或服务的卓越表现来赢得消费者的青睐。然而，数字设备、多屏、内容分发以及相应的全渠道战略的普及使一切变得更复杂，也要求更大程度的利用。尽管这个时代充满挑战，形势复杂，但仍然有一些品牌表现出色，值得一提的是在市场全面下滑的情况下，它们逆流而上，找到了新的消费者并实现增长。

一、2017年全球快速消费品市场概况

近年来，全球快速消费品市场遭遇困境。即使在全球增长最快的区域，快速消费品市场的表现也持续表现疲软。例如，2017年全球增长率仅为1.9%。快速消费品市场的最大贡献者美国仅增长0.5%，而

拉丁美洲的增长则归因为较高的通货膨胀，而非来自消费者信心的提振。然而，仍然有许多品牌逆势而上，取得增长。我们对本土品牌的定义是在单一市场经营的品牌，区域品牌是在两个或更多市场经营的品牌，全球品牌是跨越至少两个大洲开展经营的品牌。尽管经营环境充满挑战，但只要掌握诀窍，品牌依旧可以蓬勃发展。

（一）欧洲市场

2017年，欧洲经济增长强劲。由于投资回暖，劳动力市场收紧，第四季度国内生产总值（GDP）增长了0.6%。最初因2016年英国脱欧公投而引起的恐慌逐渐平息，企业和政府之中出现了谨慎乐观的情绪。然而，欧洲快速消费品增长的情况仍然不甚乐观。尽管2017年西欧的销售额表现有所改善——增长了2.2%，2016年仅增长0.3%，但仍未能达到其他发达区域的水平。

1. 西班牙

Pescanova是西班牙一个海鲜品牌，业务遍及欧洲大陆。2017年，其消费者触及数在西欧地区增长了9%，在西班牙则增长了13%——在该国，其渗透率增长了4%。在葡萄牙，它获得了新消费者，渗透率超过了50%。2017年，该品牌的增长要归功于多款新产品的推出，这些产品满足了更多的消费者需求。而且，不做广告多年之后，该品牌开展了多项广告宣传活动，配合上述产品的推出，从而提升了品牌的整体曝光度。

2. 法国

尽管Bonne Maman是法国一个知名品牌，但也可算是一个区域品牌，因为意大利和英国有500万消费者选择该品牌的产品。然而，该品牌最为可观的增长还是来自法国本土——其消费者触及数增长了1300万人，增长率为14%。尽管已被超过60%的法国人口选择，2017年，该品牌还是增加了100万新消费者。它做到这一点凭借的是广受认可的品牌形象，这使它有力吸引了追求天然产品的消费者。虽然该品牌业务范围涵盖乳制品和蜜饯,但其增长是来源于果酱和饼干品类的创新。其全新果酱系列——Bonne Maman Intense 含糖量更低,但味道更加香浓,是 2017 年法国市场排名最高的创新产品。11.5% 的消费者试购了该品牌的新产品,40% 的人又进行了再次购买。

3. 德国

Alpro 也是一个大获成功的乳制品品牌,而且同样高度依赖德国和英国市场,这两个国家共占其消费者触及数的 85%。2017 年,英国为该品牌带来了 70%——即 1700 万——的消费者触及数增长。Alpro 拥有相当大的消费者增长空间,因为在该品牌开展业务的国家,其总渗透率还不到 14%。鉴于其专业属性,该品牌一直主打"健康"的定位。"不含某种成分"系列是该品牌的一大优势产品,尤其是对于单身消费者、年轻人家庭以及空巢老人和退休人群而言。选择"不含某种成分"的食品以往一直是一股以伦敦为中心的消费潮流,吸引的是较为富裕的消费者,但 Alpro 在所有群体中都实现了增长。Alpro 还利用人们日益重视早餐这一趋势推动了增长,与整个品类的平均水平相比,该品牌在这一场合被选择的可能性高出 87%。但该品牌进军新产品品类——即咖啡味牛奶和罐装甜点也发挥了关键作用,其销售额在 2017 年增长了 142%。Alpro 还为其产品增加了新口味,包括草莓酸奶产品

(二)亚洲市场

与美国、欧洲等其他发达地区相比,2017 年亚洲市场表现相对较好,快速消费品市场销售额增长率达到了 4.3%。在人口增长和消费者信心上升的支撑下,未来五年,亚洲很有可能带动全球快速消费品市场的增长。到 2022 年,该区域有望增加超过 1 万亿美元的销售额。因此,无论对于全球品牌,还是本土品牌,亚洲都代表着巨大的机会。庞大且多样化的消费者群体,农村地区和二线城市持续上升的消费能力以及日益壮大的中产阶级——尤其是在中国、印度和印度尼西亚——使得该区域蕴藏着巨大的增长潜力。

1. 印度尼西亚

Kaldu Sari Nabati 旗下的 Richoco 是印度尼西亚的一个本土饼干品牌，2017 年，它在城市地区的渗透率达到 70%，新增了 200 多万消费者。在农村地区，渗透率则上升到 90%。之所以能实现如此强劲的增长，是因为该品牌不断推出不同价位的新产品。除了卓有成效的大众推广活动（如电视和电台广告）之外，Richoco 还针对小众群体——包括大城市的办公室白领——开展了线下广告活动，以便在较高的社会阶层中提升品牌认知度。

2. 越南

过去两年，越南零食品牌 One One 的消费者触及数增长了一倍多。这一增长大部分都来自过去的 12 个月。2017 年，该品牌在越南农村地区的渗透率从 2015 年的不到 20% 增长到了 35% 以上，目前有 300 万新消费者选择该品牌。其成功的关键因素是分销网络的扩展——尤其是在越南农村，传统渠道在这些地区仍占主导地位。与其他零食或饼干产品相比，One One 的价格相对较低，这也解释了为什么该品牌在农村地区增长更为强劲。而且，其主要成分是大米，是越南消费者非常熟悉和喜爱的主食。大米还被视为天然、健康的零食，这也顺应了追求健康生活的趋势。One One 还推出了新口味，如牛肉、龙虾和玉米口味。该品牌还准备进一步触及年轻消费者之外的更多消费群体——它将通过推出"包中包"的产品形式方便人们分享零食，从而将目标瞄准了全体家庭成员。

（三）拉丁美洲市场

尽管 2017 年整体增长仍然缓慢，但拉丁美洲快速消费品市场的表现还在继续改善。大部分国家的表现与上年相比都没有变化或有所下滑，1.7% 的消费者触及数增长率固然不及 2016 年的 2.6%，但一定要注意，这代表着市场已经扭转了先前的下行趋势。GDP 的增长态势也大致类似，虽然 GDP 已经从 2016 年下降 0.9% 的困境中恢复，但增长仍相对缓慢，增长率仅达到1.7%。而且，2017年家庭快速消费品平均支出仅为1450美元，相当于每人每天1美元。

1. 墨西哥

La Costeña在墨西哥的渗透率超过90%，全球仅1%的品牌能在某一市场上达到这样的渗透水平。2017年，像这样拥有超高渗透率的品牌有一半以上都出现了消费者触及数流失的情况，但是La Costeña却成功地使其消费者触及数增长了2400万人。尽管大部分消费者触及数增长都来自于提供更多的消费者选择，但该品牌仍然找到了新消费者，辣椒酱占到该品牌消费者触及数的一半以上，通过巧妙地改造和包装变更——例如，在标签上添加辣度计，让消费者能够选择适合自己的辛辣程度——La Costeña在该品类成功实现了扩张。另一项简单的包装变更——在标签上使用"Salsa Mexicana tatemada"（墨西哥烧烤酱）——让产品的墨西哥味更加强烈。

2. 巴西

Três Corações以咖啡产品闻名，是2017年巴西增长第三名的品牌。该品牌消费者触及数增加2500万，渗透率增长6%，新增超过370万消费者。作为大型饮料品牌，Três Corações进一步立足本行业，通过推出加味牛奶和巧克力粉，拓展到更多品类。凭借新的卡布其诺系列——包括单杯式小袋装，该品牌吸引了更多消费者，并且凭借其价格低廉的TRES咖啡机在咖啡胶囊市场继续实现了增长。由于咖啡往往出现在社交和分享的场合，Três Corações还通过在全国开设品牌咖啡店创造出了更多机会。通过收购Cia Iguaçu等本土咖啡品牌，同时依托巴西国家足球队官方赞助商的身份，该品牌进一步扩大了覆盖面，提升了知名度，从而抓住了在外的咖啡消费机会。

（四）中东与北非市场

中东和北非（MENA）地区是全球最多样化的区域之一。凭借不断增长的人口和令人羡慕的自然资源，该地区拥有一些全球最富裕的国家。然而，由于其他一些国家属于赤贫国之列，该地区也是全球最复杂的区域之一。凭借 2017 年 8.8% 的快速消费品增长率，中东和北非成为全球增长最快的区域。不过其中一些国家，情况却不那么乐观——由于不断变化的法律和经济环境，区域内最大的两个经济体——沙特阿拉伯和埃及的快速消费品市场正面临动荡和新的挑战。

1. 沙特阿拉伯

2017 年，沙特阿拉伯食品品牌 Herfy 表现极佳。凭借超 50% 的消费者触及数增长率，该品牌在沙特阿拉伯品牌 75 强中增长最快，这一成就应归因于它在切片面包品类中的强劲表现。该品牌在所有区域和群体中都实现了增长，渗透率在 12 个月里从 4% 增长到了 20%。在本土市场形势低迷，家庭持续减少快速消费品支出的不利时期，该品牌却逆势而上、表现出色。鉴于当前该国的宏观经济环境，Herfy 与市场领导者的价格差又为其增添了优势。

2. 埃及

一旦品牌成为市场领导者，寻求增长就变得更加困难。但 Juhayna 是个例外，它是埃及领先食品品牌，专营乳制品和果汁产品。该品牌创立于 1983 年，已成为常温牛奶、"勺食型"酸奶以及即饮酸奶的市场领导者，现在有超过 87% 的埃及家庭选择这一品牌。

尽管 Juhayna 的身影已经无处不在，但自 2015 年以来，该品牌实现了 2% 的消费者触及数增长。由于渗透率已非常高，品牌的增长主要是得益于选择频次的增加，具体而言就是增加交叉购买，尤其是在乳制品品类。通过与利乐合作，Juhayna 参与了一项长期的公众宣传活动，旨在让人们认识到散装或未包装牛奶的潜在健康风险，并通过调整公共卫生标准促进健康生活。

二、中国本土品牌发展概况

近年来，我们发现了一种趋势——本土品牌正在从竞争对手——

全球品牌手中攫取市场份额，2017年这一趋势仍在持续。本土品牌往往能适应市场需求和市场趋势，渗透率的提升也来得更轻松。而全球品牌则需要跨越多个国家和大洲来管理绩效，这使得它们不那么敏捷，并且意味着实现整体增长会更加困难。甚至连增长最快的全球品牌都会在一些地区出现下滑。

一些本土品牌在单一市场实现的消费者触及数甚至超过了其他品牌全球产品组合取得的消费者触及数。两年间实现不到1%的份额增长听起来似乎微不足道，但本土品牌份额每增长0.1个百分点的价值就相当于5亿美元。此外，本土品牌所属的类别也会影响消费者选择。在选购易耗产品时，消费者通常更青睐本土品牌，他们更希望买到本地出产的平价产品。这些品牌往往也更能迎合本地人的口味。

在家庭清洁以及美容与个人护理这两个类别，本土品牌虽然表面看来不太能对全球品牌构成威胁，但只要深入了解一下，你就会发现在家庭清洁类别，本土品牌的增速是全球品牌的两倍以上，而在美容与个人护理类别，其增长幅度也极为可观。2017年，全球品牌仅在饮料市场中超过本土品牌。由于快速消费品市场仍面临困境，了解品牌增长的基本要素比以往任何时候都重要。见图1-4-1。

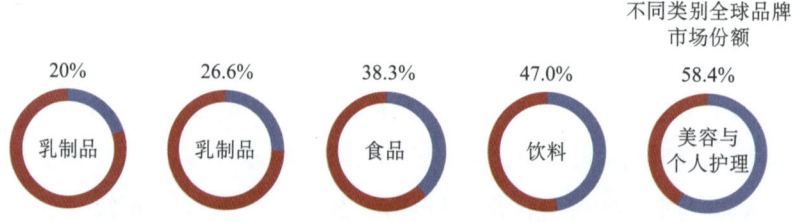

图1-4-1 本土品牌主要品类占全球品牌市场的份额

数据来源：凯度消费者指数。

三、品牌实现增长的重要因素

（一）增长的基础

尽管2017年快速消费品市场依旧疲软，更多品牌的业绩出现下滑，但品牌仍然有理由对增长机会保持乐观。2017年，全球消费者共做出3540亿次品牌选择（不包括自有品牌），消费者触及数增长了将近10亿次，这意味着虽然增长品牌的数量下降了，但增长品牌的净影响超过了下滑品牌产生的影响。这说明，要想了解当前市场上的品牌发展不能局限于标题性质的综合数据。

（二）寻找新的消费者是关键

2016年，凯度消费者指数通过探讨快速消费品行业可预测的增长模式，分析出一项无可辩驳的事实——全球最大的品牌吸引了最多的消费者。2017年的基本原则也并未改变——实现消费者触及数增长的品牌，有90%都是通过产品组合吸引了新的消费者。

（三）规模非常重要

品牌规模，对于如何衡量成功有很大的影响。得益于既有关系，中等规模的品牌和大品牌能够获得最佳的货架位置和更令人瞩目的促销活动，因此渗透率增长最快。中大规模的品牌往往也有资源来开展创新，而创新正是获得成功的关键因素之一。一旦企业在一个市场树立了"超级品牌"的地位（渗透率超过50%），它就达到了一个临界点（如图1-4-2所示）。渗透率超过50%之后，许多超级品牌几乎就能触及其所在品类的所有消费者。没有哪个品牌能拥有100%的品类渗透率，因此品牌总能触及更多新的消费者，而且这样还能增加现有顾客选择品牌的次数。

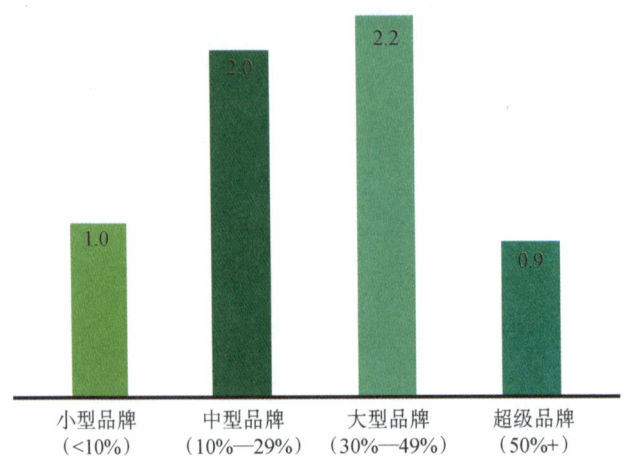

图1-4-2 不同品牌渗透率变化中位数

数据来源：凯度消费者指数。

（四）持续增长

品牌前一年的表现及其对来年增长有重要的影响。品牌的表现往往与前一年十分相近，这是因为惯性在起作用。例如，29%的品牌在2016年实现增长之后又在2017年继续取得增长，而28%的品牌连续两年都遭遇下滑。在下一年才扭转下滑趋势，实现逆势增长是非常困难的，但2017年我们发现有20%的品牌做到了这一点。不过，如果品牌真的成功扭转了局面，其渗透率增长很可能低于全球平均增长水平——数据显示，2017年从下滑转为增长的品牌的渗透率增长中位数为1.1%。当我们回过头来再探讨增长的驱动因素时，可以看到，消费者触及数持续增长的品牌主要是通过提高渗透率实现的，这非常清楚地说明了渗透率对于长期增长的重要性。

（五）增加杠杆

对任何品牌而言，寻找新消费者的最佳方法是尽可能多地使用战略增长杠杆。在公布2017年品牌50强排行榜之前，我们先作一些说明。注意本年度报告中出现的相关图标,均用于指示最成功品牌所使用的杠杆类型。

1. 扩大目标人群

为吸引尚未购买某品牌或某品类产品的消费者,品牌可开发新的产品系列,以满足更广泛的个人需求。

2. 扩大覆盖面

很多品牌正在不断扩大其地域覆盖,让更多消费者能够看到并选择自己的品牌。这通常需要品牌针对本土偏好调整其产品系列。

3. 拓展更多品类

将品牌拓展到更多品类可吸引那些无法通过现有品牌功能满足需要的新消费者。

4. 新需求

创造新品类是实现增长的终极杠杆。品牌若能发现新需求,并且能够高效并成功地满足这些需求,便有望在未来多年主导这个市场。

四、结论

归根结底,无论是全球品牌还是本土品牌,一个品牌真正的实力在于持续吸引更多的消费者,并且获得溢价。但是,在设法吸引更多消费者的过程中,品牌会有意识地趋向市场主流,此时它们会渐渐丧失当初赖以成功的独特之处,进而又丧失获得溢价的能力。同时,随着技术的进步和数字化的发展,大规模开展针对超小型"个人细分市场"的制造、分销和传播已成为可能。

然而,如果做广告的目的是创造一系列共通的文化意义,以影响其他人对消费者的看法,进而左右他们的购买倾向,那么过于个性化的策略本身就会限制这种连锁效应。结果,我们得到的只是能大规模满足现有需求的品牌,而不是通过创造需求来支撑未来增长的品牌。要想在解决上述矛盾的同时推动品牌增长、把握具有不确定性的个体购买行为，对品牌而言可谓难如登天。正因如此，成功做到了这一切的品牌——占49%——也就显得格外耀眼。

令人振奋的是，我们看到其中许多品牌都来自中国和印度。我们预计，这两个国家的品牌一旦冲出亚洲，便会出现在全球排行榜上。虽然我们希望本报告揭示的有效战略能带动更多的品牌赢得成功，开创辉煌，但我也要代表所有消费者申明：不管什么战略，如果不以提供平价、优质的产品为出发点，就永远也打动不了我。在衡量和诠释品牌成功的过程中，我们发现，成功没有固定的套路。但是，我们相信"品牌足迹"报告的真正价值在于凯度消费者指数提炼出的上述经验法则。

（本文摘编：乔实，凯度消费者指数）

1.5 中国乳品未来增长之路

2017年中国经济七年来首次实现提速，其中消费支出对GDP的贡献最大（最终消费支出对GDP增长的贡献率为58.8%）。中国快速消费品市场呈现回暖迹象，表明中国消费者的需求仍未完全释放。凯度消费者指数对中国四万户城市家庭样本连续监测的数据显示，健康、快捷代餐、舶来品类领跑增长，而高糖、高热量品类持续萎缩。

作为最大的食品品类，液态乳制品在中国城市家庭中拥有最广泛的消费人群（渗透率达到99.6%），过去十年中品类经历了快速的增长，但近年来发展遭遇瓶颈，增长放缓，消费者的户均购买量趋于停滞。凯度消费者指数数据显示，与其他国家相比，中国消费者牛奶的户均购买量仅为西班牙的18%、巴西的30%，未来还有很大的提升空间。见图1-5-1。

此外，中国乳制品呈现两极化的发展趋势，高端和基础产品发展向好（2017年，常温乳品：高端白奶＋常温酸奶销售额增长7.6%，基础白奶增长0.7%；低温酸奶：美味享受型酸奶＋高端益生菌酸奶增长16.4%，基础酸奶增长7.9%），而中端价位产品大幅衰退。高端产品鼓励消费升级，丰富消费者的购物篮种类，让消费者喝得更好；而基础产品则是培育消费习惯，满足消费者的基本需求。

近年来中国乳制品品类呈现以下三种增长模式：

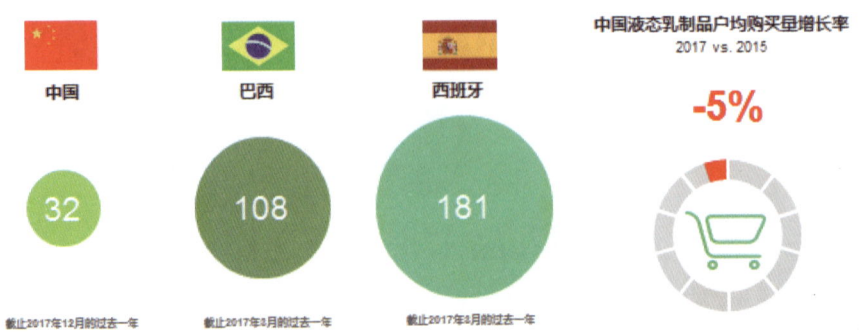

图1-5-1 不同国家牛奶户均购买量比较

数据来源：凯度消费者指数。

一、向中西部欠发达地区拓展，让更多人购买

凯度消费者指数数据显示，作为渗透率最高的基础子类（2017年基础白奶渗透率为73%，基础酸奶为78%），其消费人群不仅规模最大，且忠诚度最高，基础产品是品类拓展新的消费人群的最佳选择。见图1-5-2。

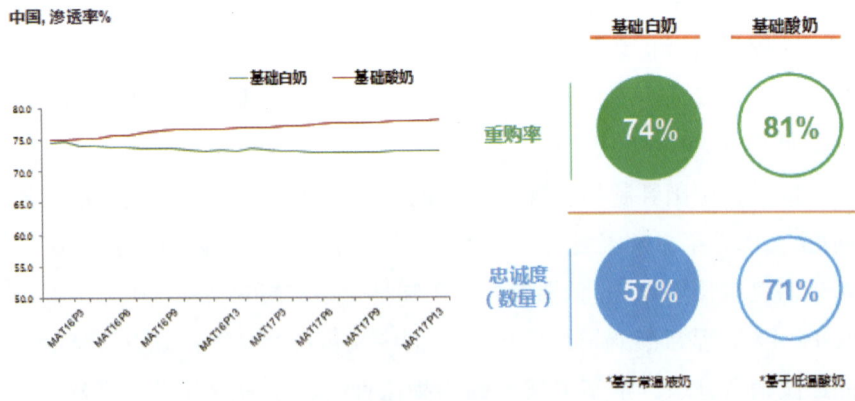

图1-5-2 中国基础白奶和酸奶渗透率

数据来源：凯度消费者指数。

目前基础产品在乳制品户均购买量偏低的云贵桂（50 升/年，低于全国水平 56 升/年）等中西部欠发达地区渗透率提升明显（+1%）。

中国快消品市场渗透率最高的食品和饮料厂商伊利，2017 年进入了 90% 的中国城市家庭，蒙牛排名第二（渗透率为 88%），其余的乳制品厂商渗透率均低于 50%。厂商可以通过哪些途径来提升渗透率呢？

1. 市场细分

除了满足消费者的基本需求之外，乳制品厂商还针对不同的人群不断细分出新的子类。比如：针对高收入人群推出的高端白奶特仑苏/金典、儿童专属牛奶未来星/QQ 星，为乳糖不耐受人群研发的低乳糖牛奶舒化奶，以及偏零食属性的常温酸奶莫斯利安/安慕希等，通过品类细分满足不同人群的需求。同时我们发现中国的消费者更倾向于多品类混合购买，2017 年中国城市家庭过去一年平均每户家庭购买了 6 个品类的乳制品，未来市场细分仍是品类实现增长的重要途径。

2. 产品创新

在产品内容物上，从最初的原味产品，发展出不同的口味、果粒产品，到不同的食用方式（从吸管饮用型到休闲勺吃型），再到加入更多的物料，如真实的巧克力豆、谷物颗粒、坚果等，为了留住消费者的胃，众厂商可谓花样百出、不断突破我们的认知边界。当然，厂商在产品创新时要抓准消费者的喜好，而不能盲目投放。随着健康意识的提升，中国消费者对原料和加工过程越来越关注。原料天然、纯粹是产品质量的基本保证，同时简化加工工序，减少对原材料的营养破坏，不添加色素、防腐剂、人工香料等，减脂减糖。从数据中我们不难发现添加了各种营养物质（矿物质、维生素、DHA 等微量元素）的儿童奶逐渐被消费者所抛弃，而转向更高品质的高端牛奶。百花齐放的市场让消费者有了更多的选择——总有一款适合你。

3. 产品线拓展

各品牌通过拓展产品线也可实现消费人群的扩张。2014 年伊利跟随光明莫斯利安进入常温酸奶品类，推出安慕希常温酸奶，目前已成为伊利品牌下渗透率最高的一个产品（2017年渗透率为44%），2017年伊利常温液态奶的增长中80%来自安慕希的贡献。君乐宝在2013年推出的PET瓶纯享酸奶，主打无甜味剂、无防腐剂、无色素，纯享上市后为君乐宝迅速招揽了大量的消费者，2017年纯享为君乐宝品牌额外带来了2.6%的渗透率。

4. 借助互联网，打造爆品

在网络化时代，乳制品品类也在试图摆脱传统模式的束缚，涌现出了越来越多的网红产品。科迪2016年下半年推出的小白袋牛奶，投放市场后迅速走红，引领了一股"透明袋"风，伊利、蒙牛等大小厂商纷纷跟进，截至2018年3月的过去一年透明袋装乳制品渗透率已达12%。天润本是名不见经传的一个新疆地方品牌，但其"冰淇淋化了"、"巧克力碎了"系列酸奶经过网红达人的推荐，受到了更多年轻人群的关注，新颖有趣的名字＋醇厚的口感是其爆红的主要原因。不管是科迪还是天润的成功，都让我们看到在如此激烈的市场竞争中，地方性小品牌也可以借助互联网迅速拓展市场，实现逆袭。

厂商想要实现增长最关键的在于渗透率的提升，根据双重危机理论，渗透率较低的品牌被消费者购买的几率也更低；而品牌的渗透率越高，其购买频次越高，品牌份额也更高。

二、即时满足消费者需求，让消费者买更多

随着中国消费者生活节奏的加快，需求能否被即时满足对于厂商来讲越来越关键。凯度消费者指数数据显示，目前乳制品在小型超市、便利店、电商等便捷渠道发展较快，建议厂商加强对便捷性渠道的支持，让消费者更方便地买到产品。此外，新零售业态的快速发展，使得消费者对乳制品的潜在需求被进一步释放。盒马鲜生App下单，门店附近3公里范围内，30分钟送货上门；每日优鲜、京东到家等生鲜网站的新型送奶服务也越来越受到消费者的欢迎，线上下单后2小时

内送货上门。拓展新的消费场景，创造更多的牛奶消费时机，如下午茶、代餐等，"新需求+全渠道"激发新的增长点。

1. 越来越多的消费者选择小型、便捷的零售渠道

小超市、便利店等小型渠道因为距离社区较近，在2017年的乳制品销售额实现了6%的增长率，高于整体渠道2%的增长率；虽然在小型渠道店内的乳制品产品选择相对少，产品单价更高，商家促销行为也较少，但全国不同级别城市都有越来越多的消费者选择通过小型渠道购买乳制品，尤其是年轻人群（年轻人群指数105）。

这些便捷性渠道的增长，也部分得益于他们在日益繁荣的O2O配送服务中所扮演的关键角色。O2O到家服务近两年获得迅猛增长，腾讯领投美团、阿里巴巴收购饿了么、滴滴开启O2O配送市场试点项目，电商巨头的介入将进一步助力配餐及配送服务市场持续发展，同时加剧了竞争的激烈程度。

2. 大型零售商遭遇乳品销售的放缓

许多消费者变得越来越"懒"，不再经常前往大型商超购物。2017年大型实体店零售商遭遇了乳品销售增速缓慢、甚至下跌的命运，其中大卖场全方位衰退，乳制品的渗透率、购买频率都出现了明显下滑，尤其在一二线城市降幅较多（渗透率为-1.4%，购买频次为-0.4次）；大超市在一二线城市渗透率、购买频次也出现不同程度的下滑，但是三四五线城市仍有更多人选择大超市，因此整体仍有一定增长。

3. 电商继续保持强劲增长势头

2017年线上的乳制品销售继续保持强劲势头，增速超过29%。电商渠道的增长主要源于渗透率的持续增长（2015—2017年分别为8.8%、12.8%、14.4%），且相对于其他零售渠道，电商吸引了更多的年轻消费群体（年轻人群指数为115）、以及高收入人群（高收入人群指数为155）等优质乳制品消费者。

4. 新消费场景、新零售显现商机

随着中国消费者的收入增加，他们的生活方式也在发生着改变：

他们宅在家里的时间越来越少了。基于我们对一二线城市乳制品的在外消费跟踪观察，乳制品的户外消费虽然占比不及饮料、啤酒等品类，但也达到了 1/3；从消费场景上，有更多的人选择在办公室、购物场所、路上、餐厅等户外场景饮用牛奶、酸奶，户外消费市场显现出大量商机。对于品牌商，能够针对性提供满足特殊场景下消费者需求的产品，将有助于避开红海直接竞争，获取更多新的增量及生意。

另外，在消费升级的背景下，新技术快速发展引发了线上线下的融合，并带来了新零售业态的快速发展。盒马鲜生、永辉等前瞻性零售商开创新方式，通过在店内设立大型用餐区等举措抢夺在外消费市场份额。基于场景的购物体验不仅支持零售商满足在外消费的大部分需求，还能提升消费者粘性。

面对变化多端的零售终端，乳品品牌如何制胜？建议品牌商更多投资于小型便捷渠道及线上销售，以抓住增长机会。同时，还可以跟随消费者借助 O2O 配送平台不断扩展的渠道，包括社区周边的小超市、便利店等，甚至一些另类渠道如餐厅、茶铺、咖啡店。另外，随着零售商调整适应"新零售"，品牌商还可以投资不断变化的线下渠道，打造有吸引力的购物体验。

三、通过产品创新，鼓励消费升级

1. 产品升级是消费发展的必然趋势

改革开放以来，中国人民生活水平不断提升，已经基本满足了吃饱穿暖，并逐步达到了吃好穿好的全面小康水平。虽然人均可支配收入不断提升，但消费者的"胃容量"并非无穷增长，达到一定消费量后，消费者有能力、有意愿为更好的产品支付更多价格，因而必然发生"量变到质变"的转换——即购买更优品质的产品。见图 1-5-3。

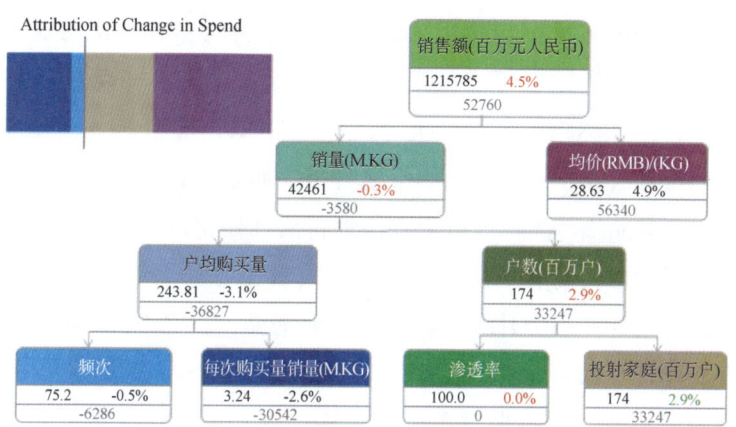

图1-5-3 快速消费品驱动因素分析

数据来源：凯度消费者指数。

凯度消费者指数数据显示：在最新的一个滚动年中，整体快消品类对比去年小幅增长，其中带动增长最大的就是品类均价，即品类升级已经成为整体快消增长的第一驱动力。

2. 常温乳制品中，高价产品一枝独秀

图1-5-4显示，均价最高（最靠右侧）的常温酸奶也是增长最快（最靠上）的品类，引领品类增长。

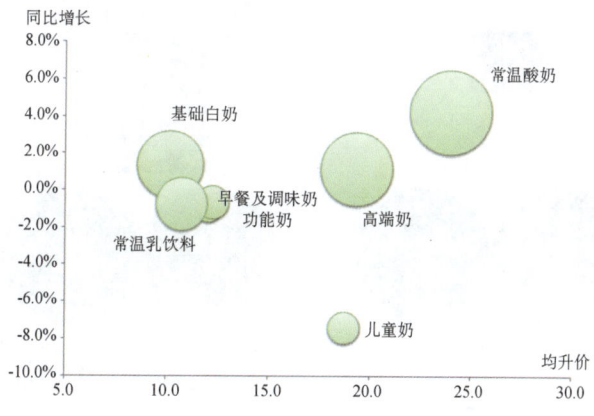

图1-5-4 快速消费品各品类市场规模

注：气泡大小为各品类规模。
数据来源：凯度消费者指数。

进一步细分可见，均价排第二位的高端奶同样有不错的业绩。同时，均价较低的乳饮料等品类都处于规模萎缩状态——基础白奶均价虽然较低，但依然增长较快；儿童奶均价不低，规模却急剧萎缩——可见，消费升级并非只是单纯的价格升级，而是消费观念的升级，是消费者在对产品品质、品牌进行全方位评价后才做出的购买行为。当产品的价值大于价格，拥有更强购买力的消费者愿意为了更好的品质买单，因而造就了今日"品类升级推动增长"的局面；反之，若产品的价值不足，即便设定了低廉价格，依然难以获取消费者青睐。见图1-5-6。

纵观常温液态奶长期发展历程，从计划经济时代的按需供应，到改革开放后充足供应，并先后发展出乳饮料、高端奶、儿童奶等多个细分领域，整个品类规模也在不断扩大。时至今日，当常规产品已经基本满足消费者日常需求后，依然需要不断创新，如在包装方面，常温酸奶突破既有常规，推出了PET瓶装产品，旨在拓宽消费场景，进一步扩大品类规模。产品方面，菌种及各式配方也不断出新，令产品功能层层强化——数据显示，此举不仅成功带动了产品的高端化，更为产品赢得了更多年轻消费者的青睐。

图1-5-5 产品高端化赢得年轻消费者青睐

数据来源：凯度消费者指数。

3. 低温乳制品中，高端化遍及各细分市场

在低温酸奶中，定价最高的享受型酸奶近年来迅猛发展：2016 年开始逐渐走红的乐纯酸奶开启了高端享受型酸奶的新篇章，随后越来越多的厂家推出各种高端酸奶，满足消费者高端享受、休闲零食的需求。2017 年，有超过 1/5 的家庭购买过享受型酸奶。丰富口味/高端定位/轻奢包装为传统酸奶注入了更多情感价值，满足了消费者"减压"和"小确幸"的身心需求。

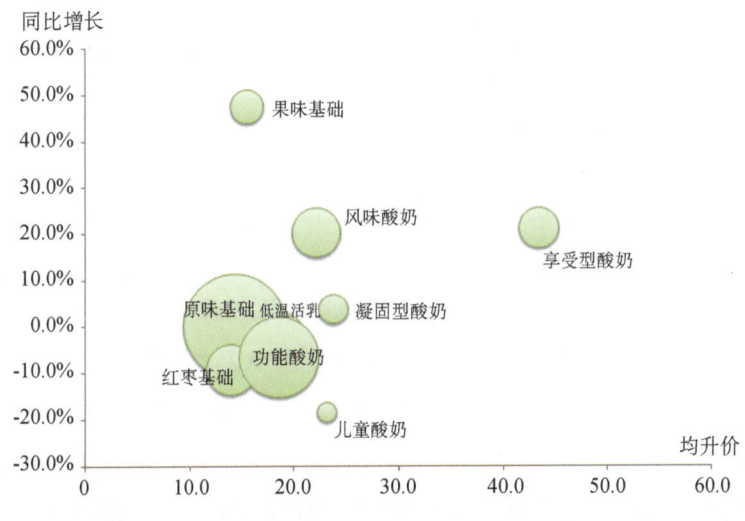

图 1-5-6 高端化产品市场规模

注：气泡大小为各品类规模。

数据来源：凯度消费者指数。

在高价细分品类走俏的同时，多个中低价细分类也有不俗表现：基础产品同样存在升级空间。伊利的 Joyday、Lifeup 及蒙牛的新版老酸奶，都是基于基础市场的高端化尝试，且均取得不俗的成绩。

4. 即时场景消费，逐渐兴起的新兴战场

除了传统的家庭户内消费，户外消费同样成为乳制品的新兴战场。与户内不同，户外消费个人特征更为明显，"独自饮用"比例不断提升，且消费时间更向"下午茶"时段靠拢。购买渠道方面，"便利店、杂货店"等更为便捷，贡献比例不断上升。

消费行为变化的背后是消费者需求的不断升级。而消费需求的变化，又由消费者的生活状态、消费理念所决定。随着人们生活水平的不断提高，"健康"类产品日益受到消费者追捧。从狭义上看，健康更多体现在产品功能方面；从广义来看，能为消费者提供"精神健康"，满足其精神需求的产品同样受到青睐。结合上述数据可见，下午时分为自己补充能量、在忙碌工作间隙稍作休息的下午茶消费逐渐兴起，消费者甚至不介意为"便捷购买"支付更多价格——相对应的，能够为消费者提供精神满足的产品自然会在如此场景获得一些份额。从茶类饮品、咖啡、甜点，再到乳制品，消费者选择横跨多个品类，而购买需求却是同样——可见，当产品愈发丰富，品类间的互相侵蚀也会更加频繁。这就需要我们更加清晰地定位出我们的目标用户以及他们的需求。用我们的产品更好地满足他们的需求，甚至带给消费者惊喜，只有如此，才能在跨品类、跨渠道的竞争中取得优势。

5. 不断拓展新的场景消费/产品体验，扩大品类规模

诚然，作为批量生产的日常快消品，在产品方面难有过多突破来增加消费者的体验和互动，但也并非没有机会，让我们来看看跨品类的案例：奥利奥，这款诞生于1912年的产品距今已有超过百年的历史，但依然在饼干市场保持强势地位。在产品层面，奥利奥做过多种尝试：大小、薄厚、口味，依次不断扩充目标群体。同时，奥利奥也不断增加产品的食用体验，如大家耳熟能详的"摇一摇"吃法与冰淇淋品类的成功跨界融合，甚至借助科技，推出了奥利奥音乐盒来吸引周边的消费者。

在乳制品中，我们同样观察到部分超市在终端已开展消费引导，将低温酸奶和水果或蜂蜜绑定销售，此举不但有效提升了低温酸奶品类的陈列位置，更为酸奶拓宽了消费场景，增加了食用的体验感——即更好地满足了消费者的精神需求。

可见，当前的品类升级已渗透至各个方面，消费者对于产品的选择也更加理性、挑剔，这就要求我们在满足基础功能需求的同时，更加注重不同消费者的精神感受，通过多元化的全面提升，带给消费者更多价值，才能保证产品具有更强的竞争力。如此，才能顺应消费者不断升级的消费观念，这也是亘古不变的市场法则。

（本文作者：曹健，凯度消费者指数）

探索美妆增长新耀能

一、高端化推动下消费增长回暖，美妆品类机会巨大

近年来，中国进入经济新常态，GDP 长期稳定的中速发展，人民群众的消费增长也趋于平缓，不少厂商感受到维持增长的压力。好消息是在 2017 年，中国 GDP 和快速消费品（简称"快消品"）增长双双实现小幅回暖，其中 GDP 增长 6.9%，快消品销售额增长 4.3%，均高于 2016 年数据，与 2015 年增长速度相仿。见图 1-6-1。

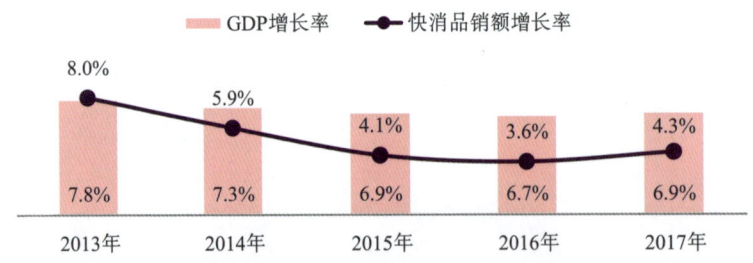

图 1-6-1　中国 GDP 及城镇快消品销售额增长率

数据来源：凯度消费者指数家庭购买样组。

凯度消费者指数依据消费者行为数据将增长拆解为几个驱动力，包括购买量、购物频次、购买人数、产品单价。剖析近一年的快消品增长驱动力可以发现，市场增量不是来源于消费者消费量的增加，而是来源于购买人口增加以及高端化趋势。见图1-6-2。

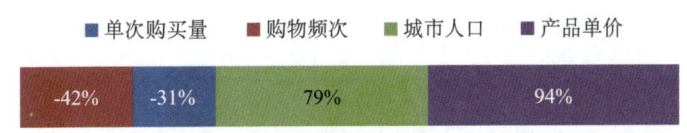

图1-6-2　2017年中国城镇快消品销额增长动力贡献占比

数据来源：凯度消费者指数家庭购买样组。

购买人口增加来源于城镇化带来的新购买力，而高端化则与消费者对于健康、品质生活追求息息相关。对比2016年，我们看到很多健康相关品类成长良好，比如酸奶和本色纸。同时，与丰富业余生活、自我提升相关的品类也有爆发式增长，如宠物用品和漱口水。

消费者对健康和品质生活的追求给个人护理品类带来巨大成长机会。实际上在快消品各大品类中，个人护理品类是成长性最好的大类之一。个人护理品类2017年较前一年销售额增长达到15%，且几乎全部的个人护理细分品类增幅均超过快消品市场平均。在高端化驱动下，即使是成熟产品如洗护发、沐浴品类也有双位数的增长。在洗护发品类中，消费者更加关注产品的成分，健康无硅、植物精萃是近两年的关键词；另外除了发丝健康，头皮护理概念正流行开来。而在沐浴品类中，如今消费者不仅追求洗得干净，还要洗得开心，主打香氛沐浴露、慕斯形式的产品都获得很好的增长。面部护肤品作为市场份额最大的个人护理品类，在健康、专业的诉求驱动下，实现了17%的高速增长。彩妆品类迎合了年轻人个性化的需求，增幅达到30%。解决面子问题的护肤和彩妆是个人护理品类中最大的机会。见图1-6-3。

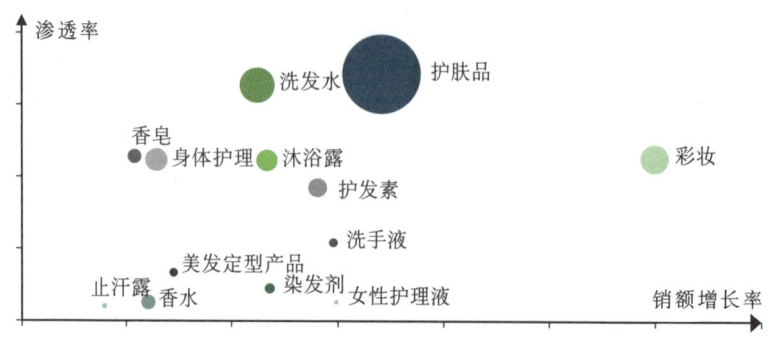

图 1-6-3 2017 年各个人护理品类渗透率及销售额增长表现

注：圆圈大小代表品类销售额占比大小。

数据来源：凯度消费者指数个人美妆样组。

本文接下来的内容将聚焦美妆（护肤彩妆）品类，从消费者结构、产品趋势、渠道变化的角度，寻找迎合当下消费者的增长新耀能。

二、寻找引领增长的新消费者

（一）年轻人是主要消费群体

在美妆品类中，年轻人，尤其是 20 多岁的女性是绝对的消费领导者，是各个厂商力求吸引的消费族群。

年轻人在美妆上有更多的花费：20 多岁的女性消费者，在两个品类中的年均花费已近 1500 元，15—19 岁的青少年紧随其后。

年轻女性的高花费一方面是由于她们有更加成熟的美妆行为：15—19 岁和 20 多岁的中国女性的护肤步骤分别已达到 3.8 和 4.0 步[①]，这一数字甚至高于韩国及日本同年龄段女性。同时一半以上的年轻中国女性已经开始购买彩妆产品。

另一方面也是因为年轻人更舍得为美丽投资，愿意购买相对更高端的产品。2017 年年底，微博上关于 00 后使用什么护肤品的讨论引起

---

① 护肤步骤包含：面部清洁品、爽肤水、精华、乳液、面霜、眼霜、面膜、防晒。

了广泛关注。00后、95后晒出的化妆台上不乏海蓝之谜、CPB等贵妇品牌。这反映了年轻人对于自己的肌肤状态、肌肤问题更加关注,同时积极通过各种途径了解护肤知识,从而产生更多的需求,更容易被种草,也更舍得拔草。

(二) 中国人口结构正在改变,厂商需早做准备

虽然年轻人是品类领导族群,但是随着中国老龄化趋势越发明显,市场主流将逐渐向成熟消费者倾斜。

根据凯度消费者指数统计团队的人口与消费者行为数据预测,十年之后,30岁以下年轻人对美妆市场的贡献将大大减少,由现在的将近50%减少至32%,而30多岁、40多岁的熟龄女性将为厂商贡献更多的销售额。现在20多岁的年轻人10年后,将仍是市场上最重要的人群,然而30多岁的她们无论是需求还是消费力都将与现在有很大差异。

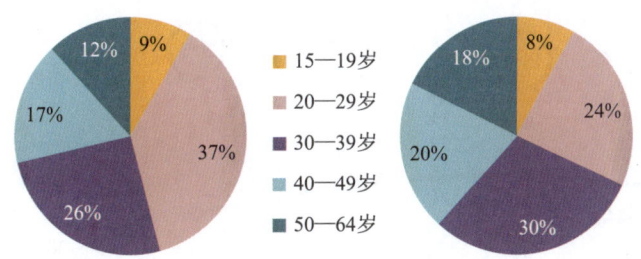

图1-6-4 2017年(左)及预测2028年(右)各年龄段消费者美妆金额贡献率
数据来源:凯度消费者指数个人美妆样组。

厂商在着眼发展年轻消费者的同时,需要看到成熟消费者的潜在消费力,随着现在的年轻消费者的成熟不断优化品牌的产品和定位。现在20多岁的消费者在未来十年中肌肤将变得更加成熟,需求更加明确,同时收入和消费力增加,厂商保持专业有吸引力的品牌形象,提供满足她们新需求的产品线,才能留住这一群最有价值的消费者。

（三）下线城市增长迅猛，二三线城市消费力已赶超一线

北上广等一线城市由于收入高、接触的品牌和产品更加广泛，消费者的消费支出更高，一直以来是各厂商的必争之地。然而，近两年来，一线城市的快消品增长相对疲软，二三线城市以及中西部地区成为新的增长点。相较一线城市，二三线城市及中西部地区正处于消费升级和生活方式转变发力的时期，生活压力较小，消费者有更多的可支配收入和时间来尝试新产品及享受生活。加上如重庆、西安、武汉等城市推出优惠人才落户及购房政策，吸引高学历年轻人迁入，会给城市带来新的消费增长源泉。

在美妆品类中，2017年首次看到二三线城市逆转超越一线城市，成为人均花费最高的城市级别。这说明二三线城市市场趋于成熟，比起市场已经饱和、竞争更加激烈的一线城市，投资二三线城市同样可以为厂商带来回报。见图1-6-5。

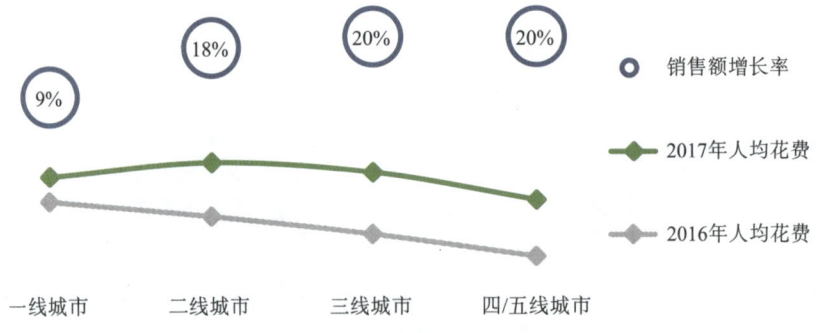

图1-6-5　各城市级别在美妆品类人均花费及销额增长率

数据来源：凯度消费者指数个人美妆样组。

三、寻找品类增长新趋势

在美妆市场中，环境、生活习惯的变化使得消费者对产品产生了

诉求。

空气污染情况日益被重视，加上护肤科普兴起，消费者对护肤品的正在由追求去皱、美白、祛痘转向加强健康肌肤状态；社交网络、美妆社区中随处可见的专业测评报告，使得消费者有意识地自主选择更专业的产品；线上社交场合的增加，激发消费者的自我表达欲望，消费者更多地挑选能够展现自我个性的产品。

（一）更健康的肌肤

留住年轻健康的肌肤状态，需要从源头开始预防肌肤问题的产生。

1. 抗衰老：补救不如预防初老

尽管只有十分之一的年轻消费者（30岁以下）声称自己有皱纹、下垂的面部肌肤问题，有57%的消费者会购买有抗衰老功效的护肤品，这一比例甚至大于有更多衰老问题的30岁以上成熟消费者。

厂商在开发更有效的去皱产品，为即将到来的老龄化消费群体准备的同时，需要拓展抗衰老定义，推出针对二十多岁年轻人的抗初老产品线，主打预防皱纹和维持健康状态。

2. 控油：祛痘不如疏通毛孔

油痘皮困扰很多年轻人的肌肤。在治疗油痘皮的产品中，从源头疏通毛孔的产品正吸引更多的消费者，2017年较上一年渗透率增长7%，而强力控油祛痘产品渗透率则下跌了6%。消费者一方面担心强力控油产品会损伤肌肤屏障，同时收缩毛孔的功效也迎合了消费者对无暇肌肤的追求。

3. 补水+：补水已成所有护肤品必备功能

补水保湿是护肤的基础需求已经成为消费者的基本认知，在实际的护肤品使用中，补水功能也已成为所有护肤品必备功能。一二线城市有七成的女性消费者护肤品使用原因包含了补水保湿。从销售表现上，补水+美白、补水+抗衰老、补水+控油等复合功能也比单一美白、抗衰老、控油功效更能吸引消费者进入。

4. 调节肌肤状态的需求使传统功能定义变模糊

消费者对更健康的肌肤状态的需求使得传统功能间的界限变模糊，调节肌肤状态的新概念正受到消费者欢迎。

抗衰老的升级——修复肌肤屏障：从奢侈品牌海蓝之谜到本土药妆品牌玉泽，修复屏障概念吸引了包括敏感肌、熟龄肌以及想要加强肌肤、增强抵抗力的消费者。

控油的升级——改善油水平衡：从本土中草药品牌佰草集的当家平衡系列，到红透社交网络的日本三大"油皮亲妈"爽肤水（来自黛珂、奥尔滨、SK-Ⅱ品牌）都获得消费者青睐，而且消费者愿意为平衡概念花费相对更高的价格。

美白的升级——改善肌肤光泽：除了单纯的白，由内而外的气色和光泽也越来越被消费者所看重。2017年较2015年，消费者为了"美白皮肤"的护肤品使用场合减少了20%，相对"使肌肤焕发光彩"的使用场合增长了6%。这也与中国消费者多样的审美有关，无论是白皮黑皮，健康的光泽就是新的美。

5. 温和无添加不仅为抗敏

越来越多消费者开始购买敏感肌适用的品牌和产品，2017年相较前一年，抗敏感功效产品渗透率增加了19%。

然而，抗敏产品的受众并非只有敏感肌人群。按照是否有敏感肌以及是否购买抗敏产品对消费者进行划分，绝大多数声称自己有过肌肤敏感状况的消费者并未使用抗敏产品，而真正在使用抗敏产品的消费者中，绝大多数并没有敏感肌的困扰。这说明，一方面，抗敏品牌仍有较大的成长空间，需要加强与消费者的接触和沟通；另一方面，抗敏品牌的温和、无添加、氨基酸等关键词正迎合消费者对健康肌肤的追求。见图1-6-6。

（二）更专业的产品

1. 更专业的护肤步骤

对健康的需求使得消费者认可防晒、卸妆等防护的重要性，专业

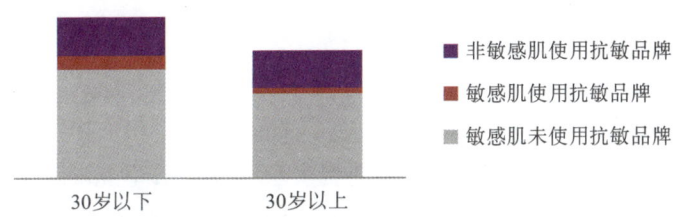

图1-6-6　2017年消费者重叠渗透率——使用敏感肌产品与敏感肌肤质的女性

数据来源：凯度消费者指数个护使用样组。

护肤的兴起使得密集护理如精华素、眼霜取得良好的增长。成熟品类中水乳霜三部曲也有不错的机会。

防护及密集护理子品类的增长主要来源于渗透率的增加；而成熟基础护肤品类的增长，则主要来源于消费升级。消费者在不断完善自己的护肤步骤，并选择更高端的产品。

2. 更专业的妆容

在彩妆方面，前几年的便利、易用等关键词势头已过，专业彩妆回归。在面部底妆品类，大火的BB、CC霜颓势难改，气垫产品的增速也大大放缓，粉底液以其持妆度和妆效优势以21%的销售额增长夺回领导地位。见图1-6-7。

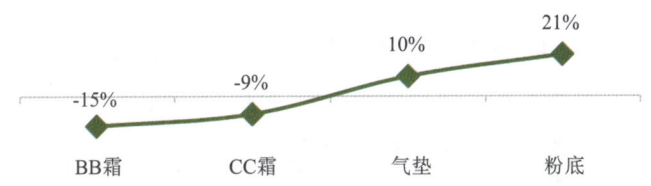

图1-6-7　2017年各底妆子品类销额增长表现

数据来源：凯度消费者指数个人美妆样组。

除了底妆产品趋向专业，整体妆容的完整度提高也体现了消费者的专业性。许多消费者开始使用完整的彩妆步骤，力求打造无暇底妆。从第一步妆前/隔离，到修饰遮瑕，再到最后的定妆或补妆散粉，均有良好的增长。

(三) 更个性的妆扮

1. 彩妆色彩更大胆出挑

在无暇底妆的基础上,很多消费者会添加一步色彩彩妆,如眼影(渗透率＋54%)和口红(渗透率＋28%),来打造吸睛又个性的妆容。

对于色彩的选择更是趋向个性化。口红的颜色中,为了提升气色,传统的红色系正逐渐让位给中毒色、吃土色、姨妈色等个性深色;眼影色彩中,为了深邃眼镜,传统的深色系眼影逐渐让位给少女系列的桃花色、落日色等浅色系。见图1-6-5。

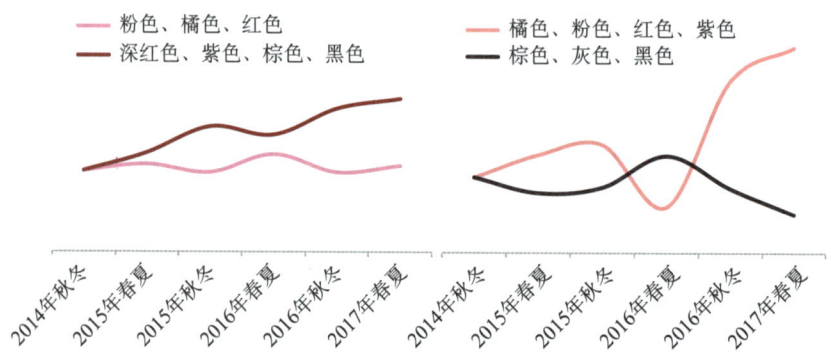

图1-6-8 唇妆(左)及眼影(右)颜色使用场合占比指数

注：指数计算方式：当期占比÷2014年秋冬占比×100。

数据来源：凯度消费者指数个护使用样组。

2. 从头到脚都要香气怡人

除了视觉上个性十足,精致的女孩儿在嗅觉上也要下足功夫。

越来越多的年轻消费者开始购买香水(25岁以下香水渗透率＋15%)。而香水以外更多带有香气的个护产品也受到消费者的喜爱。

在沐浴露品类,"在肌肤上留下好闻的香气"超越抗菌、滋润肌肤等,成为除了基础清洁后第二位的沐浴露使用原因。市场上涌现出许多主打香氛的沐浴露品牌和产品,像香水一样有复杂的前调、中调、后调,也获得不错的增长。洗护发及护肤品品类中,也有不少产品在主要的养护功能基础上增加使用时和使用后的留香,甚至推出"气味限定款",增加产品吸引力。

四、寻找品类增长的新渠道

(一) 电商仍是主要增长引擎

1. 电商增长是增量而非蚕食线下

在全球范围内,电商渠道在 2017 年以 15% 的销售额增幅成为全球增长最快的渠道,并预计在 2020 年将占到全球快速消费品渠道市场份额的 7.2%。中国更是电商的领导市场,2017 年电商渠道销售额上涨 29%。线上的繁荣不仅为小众品牌和新兴品牌提供了增长机会,也为国内美妆市场创造了增量。

在美妆品类,电商渠道自带学习、分享功能及转化购买的影响力,为品牌提供了多点触及消费者的绝佳机会。消费者可在线查询美妆产品的成分、安全性,阅读亲朋或意见领袖分享的产品测评,移动端各社交及购物 APP 间的相互连接打通促成即时下单购买。

电商渠道吸引了许多新流量,2018 年 Q1 对比上一年,美妆消费者平均购买从 9.5 人次上升至 9.7 人次,总购买增加了 1.8 亿人次,而网购人次占比从 15% 上升至 19%。

除了吸引流量,电商还有升级消费者购物行为的作用。美妆消费者在接触网络渠道后,人均品类年花费增加 306 元,平均购买子品类数增加 0.4 个。

许多厂商担心线上的增长会蚕食线下的生意,然而研究证明,美妆品类电商销售额增长中有 70% 都是品类的有机扩张,仅 30% 是线下向线上的转移。在个护的小众品类中,线上的有机增长更为显著,比如在香水和染发品类中,网购增量的品类扩张占比分别占到了 89% 和 95%。

2. 电商渠道独有优势激发消费潜力

电商渠道相比线下实体店,有两点核心优势:

优惠的价格:促销已成为电商渠道的一大显著特点,线上促销产品销售量占比达到47%,远高于全渠道美妆促销占比的29%。

触及多样产品的平台:部分品牌有很强的的网络依赖性,可能是还未在线下广泛铺货的进口品牌,靠海外旗舰店或代购吸粉无数,如城野医生和爱敬;也有专营网络渠道的特色品牌,如传奇今生和素野。

另外,很多品牌推出网络限定款或礼盒,比如高端品牌如圣罗兰、迪奥,为其线上店迅速积攒了人气。

这两点优势分别吸引到两群消费者:

成熟消费者(40岁以上)更容易被价格优势所吸引。他们偏爱天猫、京东等传统电商平台,囤货倾向明显。电商购物节成为他们网购最重要的时间点,并且重要性逐年增加。

而年轻消费者(40岁以下)更容易被电商独有的产品发现功能吸引,他们更青睐微信、小红书等新兴电商渠道,通过社交APP和购物平台的联动,不断种草拔草,形成少量多次的购买习惯。见图1-6-9。

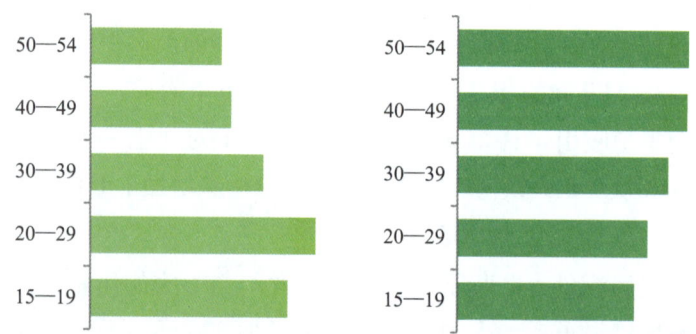

图1-6-9 2017年各年龄段女性消费者网购频次(左)及单次购买件数(右)

数据来源:凯度消费者指数个人美妆样组。

(二)全渠道进行时

1. 网络是品牌孵化器,持续增长仍需全渠道推进

网络渠道虽为小众品牌、新兴品牌提供了增长机会,许多小众品牌利用爆款产品在短时间内通过电商打开市场和知名度。而一旦品牌

成长到一定的规模，仍需要布局线下渠道。以销售额增量最大的 50 个护肤品品牌为例，大品牌的网络依赖性和网络销售增长率远低于小众品牌，线下仍是至关重要的一环。见图 1-6-10。

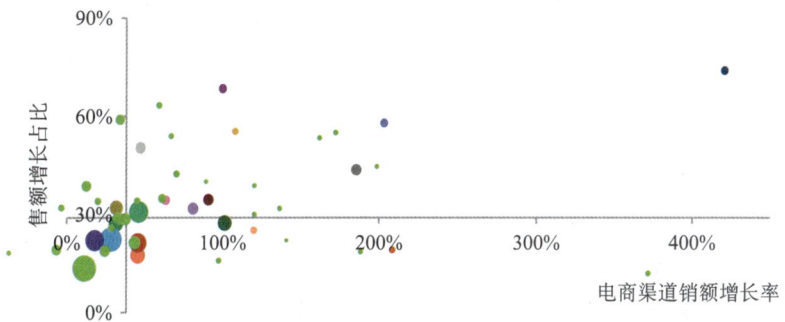

图 1-6-10　2017 年销额增量最高的 50 个护肤品牌电商渠道表现

注：圆圈大小代表品牌销额占比大小。

数据来源：凯度消费者指数个人美妆样组。

更重要的是，以年轻人为主体的电商消费者并非抛弃线下转到线上，而是成为全渠道购买者。和上一年相比，2018 年 15—24 岁的消费者美妆平均使用渠道数从 3.5 个增至 3.7 个，其他年龄段也略有上升。实际上许多线下渠道购买人次依旧增量可观，例如化妆品专卖店和商场专柜分别增加了 900 万和 500 万的购买人次。全渠道布局已迫在眉睫。见图 1-6-11。

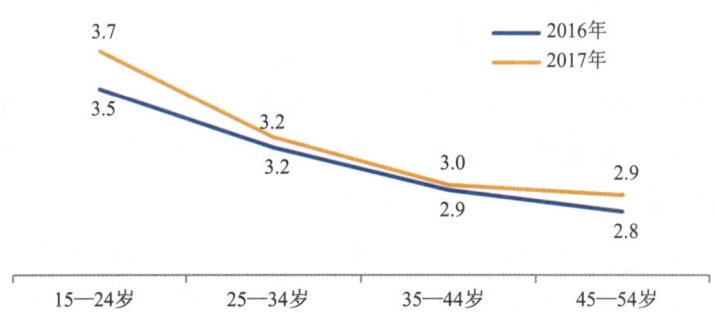

图 1-6-11　各年龄段女性美妆购买平均使用渠道数量（个）

数据来源：凯度消费者指数个人美妆样组。

2. 明晰渠道角色，落实全渠道策略

全渠道布局第一步，是明晰各渠道的特色。不同渠道在消费者心中扮演着不同的角色，而发展的重点必须基于不同渠道内的消费者结构及其对产品和品牌的需求。

电商，如开篇所言，作为一个"应有尽有的百宝箱"，提供了多样、优惠、时髦的产品，主要客群集中在一二线城市。这类消费者已形成了成熟的美妆使用习惯，在崇尚高档品牌的同时，也对新鲜产品充满兴趣，是推广新品、打造口碑的绝佳渠道。

线下的优势则是与消费者近距离接触，使品牌形象深入人心，通过现场试用和美颜顾问（BA）推荐扩大购物篮。

以屈臣氏为代表的个人护理商店担任着"专业护理解决小站"的职责，崇尚自然风和药妆，侧重面膜、卸妆等细分品类。

商超作为满足美妆需求的"基础护理加油站"，客群相对年长，适合已有消费者群体基础的亲民品牌，如百雀羚、欧莱雅等。

化妆品专卖店成为"一站式体验中心"，消费者群体多样而广泛，通过美颜顾问（BA）推荐可以销售隔离霜、精华液等高阶产品。厂商应谨慎选择与自身品牌形象相吻合的门店，如专注于专业护理的鸥美药妆，和主推高性价比产品的金甲虫等，提供多样而独特的产品，以满足消费者不同的需求。

商场专柜是"品牌力根据地"，消费者多为高收入年轻群体，是品牌与消费者沟通的机会点。以明星产品引流，以口红吸引消费者进行体验。同时，肌肤测试、AR 虚拟美妆等科技加持下的高端化全面服务，能有效提高消费体验，推进服务升级。

单品牌店可以通过全方位感官体验传达品牌力，获得消费者青睐，适合具有独特品牌形象和沟通的品牌进行投资。另外线上线下联动的快闪店也是近两年来美妆品牌提升存在感的方式，比如香奈儿游戏厅，玛丽黛佳无人彩妆店，则迎合了年轻一代的社交需求，通过有趣的互动拉近与消费者的距离，获得了极大的关注。

五、给美妆厂商的几点建议

个人护理大类是快消品市场的机会点,尤其是护肤和彩妆品类,正处于高速增长期。

- 避免仅着眼于一线城市、年轻一代,要挖掘二三线城市的消费力,并注意调整品牌沟通方式和产品结构,为老年人消费潮的来临做准备。
- 乘消费升级东风,不断完善产品功能,推陈出新,提供给消费者健康、专业、个性的产品。
- 发挥各渠道自身优势,善于利用电商渠道推新品,打口碑,同时不忘布局线下渠道,增强品牌感知和互动体验。

(作者要说明的是:①本文所有数据均来源于凯度消费者指数,包括:家庭购买样组,快消品,中国一至五线城市,截至2017年第四季度的52周;个人美妆样组,个人护理品类,中国一至五线城市,女性,15—54岁,截至2017年第四季度的52周;个人使用样组,个人护理品类,中国一二线城市,女性,13—55,截至2017年第四季度的52周。②美妆品类包含护肤品和彩妆。护肤品类包含卸妆、洁面、爽肤水、面乳、面霜、精华、眼部护理、面膜、防晒;彩妆品类包含脸部、眼部、唇部及美甲类彩妆,不包含润唇膏)

(本文作者:刘碧汀、王之府,凯度消费者指数)

第 2 编　中国传媒市场趋势

2.1 中国媒介变迁的大趋势与小趋势

在媒介变迁过程中,有"气候性"变化的大趋势,也有"气象性"变化的小趋势。准确认知媒介变迁的大趋势与小趋势,将对我们理解和把握当下及未来中国媒体融合的发展路径有所帮助。

媒介是人类社会发展的产物,它是人类创造出来服务于自己的一个工具。达尔文的生物进化理论指出,包括人类在内的各种生物都在不断演化。在此基础上,生物学家彼得·美达沃(Peter Medawar)提出"人类发明的工具、仪器本身也会进行进化",且这种进化跟通常意义上的生物进化大同小异。比如,起初的飞机其外形与鸟相似,但是由于流体力学的原因,后来飞机"进化"成外形与鱼很相似,而鱼类也是由于同样的原因进化成如今的模样……所以说,媒介这种工具的变迁也是符合进化逻辑的。

在媒介进化逻辑的大趋势下,当下媒体格局呈现出一种从未有过的"百年变局"。从报纸到广播,到电影、电视、互联网,这100多年的现代媒介发展历程中,从来没有哪个年代像现在这样变化幅度这么大,变化速度这么快,变革如此的深刻和丰富。而带来这样一个百年变局的最大变量,就是互联网。

互联网的到来,让过去100多年的媒介变迁变了道,转换了逻辑。在互联网出现之前,媒介变迁的逻辑是——任何一种后继的媒介都是对过去的某一种媒介或某一种先天不足的媒介功能的补救或补偿。印刷、报纸等是对口头传播的补救或补偿；电视，又为广播无法看到图像的遗憾提供了一种补偿。而互联网的出现使媒介变迁开始"另起一行"。它不再是过去媒介发展的延续，而是"将一切媒介作为自身的内容，成为一切媒介的媒介"。它成了"母媒介"。

在媒介进化的大趋势图景中，当下电视媒介的发展又呈现什么样的小趋势呢？现在电视人的日子不那么好过，关于"电视将死"的各种预言不绝于耳，全国电视观众的人均收视时间也在不断减少。但是，站在媒介进化这样一个图景中来看电视的话，我们仍然会发现，在所有现代媒介中，电视是没有任何门槛、最让人轻松接受的媒介。人们甚至不需要识字、打字就可以轻松看电视，人们可以慵懒地，像"葛优躺"似地坐在家中看着电视来享受闲暇的时光。电视也是唯一的家用媒介，在家庭场景当中，电视汇聚了不同代际、不同职业、不同性别、不同受教育程度等各个圈层的人群。电视一对多而非一对一的传播形态，是拥有能够打透圈层的巨大能量，而这正是目前电视媒体被严重低估的价值。此外，电视还是迄今为止最有效的广告传播载体。电视大屏动态视频，能够直接并强烈地刺激人们的感官和心理，给受众带来持续的视觉冲击力和感染力。

电视的这些特性都是在媒介进化过程中与生俱来而不应被低估的天然禀赋。CTR 的监测数据显示，2017 年电视广告明显止跌回升，从 2016 年下降 3.7% 逆转为 2017 年增长 1.7%，同时也拉动了传统媒体板块广告投放整体的增长。这也说明，电视广告的价值在被市场重新认识。见图 2-1-1、图 2-1-2。

当下互联网媒体的发展又呈现什么样的小趋势呢？其实，在互联网里面，媒体只是一小部分，或者说我们把互联网当作媒体时，只能从泛媒体的意义上去考量。我们实际感受到的是：不管是 BAT（百度、阿里、腾讯），还是 TMD（今日头条、小米、滴滴），这些互联网巨头一边否认自己是媒体，另一边却释放着巨大的媒体能量；但同时，它们一边保有巨大的媒体能量，另一边却远远不具备与其媒体能量相匹

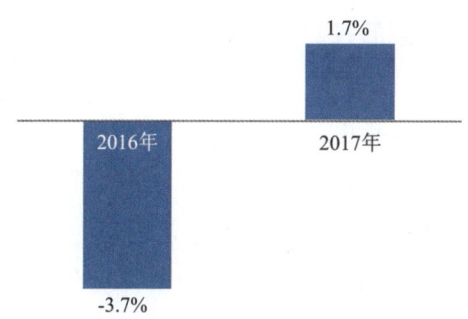

图 2-1-1　2016—2017 年电视广告刊例收入变化

数据来源：CTR 媒介智讯。

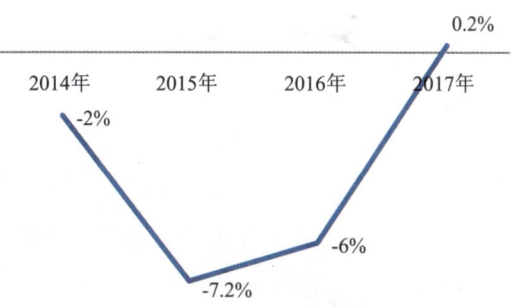

图 2-1-2　2014—2017 年传统广告刊例花费增幅变化

数据来源：CTR 媒介智讯。

配的媒体运营能力。老祖宗曾告诫我们人生"三忌"：德薄而位高，知小而谋大，力小而任重。就是说德行浅薄却地位尊崇，见识窄小却谋划大事，力量微弱却负担重任，这样很少有不招致祸端的。最近，今日头条、抖音所遭遇的，恰恰验证了这个告诫。

那么，到底是什么触发和决定了媒介的变迁？从大趋势、小趋势的视角来看，影响媒介变迁的核心变量是什么？

第一个影响媒介变迁的核心变量是"技术"。所谓"技术"也就是我们通常所说的"渠道"。我们在审视媒介变迁的时候，其实就是在审视技术引发的渠道变迁。从大的趋势来看，我们看到的媒介变迁，其实都是受众对于新媒介技术的追逐和应用。从文字的出现到印刷术的发明，从报纸、杂志的兴起到广播、电影、电视的普及，从互联网的发明到移动互联网的爆发，包括 VR、AR 推动的临场新闻的出现，我们看到的整个媒介进化史，其实都是技术推动的。

曾经有人讨论，究竟是内容为王，还是渠道为王？这样的讨论特别没有意义。在笔者看来，我们当然坚定内容为王，因为人的七情六欲不会变，人的生老病死不会变，人的精神文化生活需求永远存在，所以，人类对媒介内容的需求当然不会变。变化的反倒是因技术进步带来的渠道革新。

在技术推动媒介变迁的大趋势下，当下可以观察到的小趋势是什么？媒体从业人士应该关注硬件，关注终端，那些与终端绑定的媒体将更具竞争力。以电视为例，所谓绑定终端，就是要么与传输网络联营，要么与终端硬件厂商绑定。20 年前笔者作为一名电视记者的时候绝不会想到和生产电视机的海尔、海信会成为一个行当。但今天不一样了，谷歌在生产手机，亚马逊掀起了智能音箱竞争的浪潮，Facebook 在布局 VR 和 AR 技术，百度与小米、华为、高通等合作不断加码对智能硬件的投入，腾讯先后投资数亿元入股创维旗下的酷开和 TCL 旗下的雷鸟，山东电视台也和海信达成了战略合作。由此可以看到，电视台单独存在，单打天下，独控传播的时代已经过去了。在欧美，近些年出现了多起媒体集团的并购案，电视媒体已很难有单独生存的空间。在这个时代，媒体人需要打开视野，扩展胸怀，必须开始尝试和别人合作，要习惯在成就自己的同时，不吝惜成就他人。

第二个影响媒介变迁的核心变量是"时间"。从大趋势看，媒介之间竞争的实质就是对受众媒介消费时间的切分。研判一个媒介的价值，和媒介价值的涨跌，就是看这个媒介所占有的受众媒介接触的总时间。从这个意义上说，电视收视率所创造的算法仍然是目前媒介价值评估中最有说服力的算法，也是应用最广的算法。收视率 = 特定时间段有效收视人数 × 人均接触时长，也就是到达率 × 忠实度。

那么，与切分受众媒介接触总时间这个大趋势相关的小趋势是什么呢？这些年，人们很少有无聊和发呆的时间了，移动互联网的发展带来了 24 小时即时在线的状态，人们的时间被手机填充。但其实，微信、微博等社交媒体并不是在利用人们的碎片化时间，而是切分了人们媒介接触的时间，让时间碎片化了。这是值得人类反思的一件事情。

时间重新切分之下，可以观察到一个重要的小趋势：智能大屏将迎来爆发。因为受众收看直播节目和点播节目的时长在发生变化。见图 2-1-3。

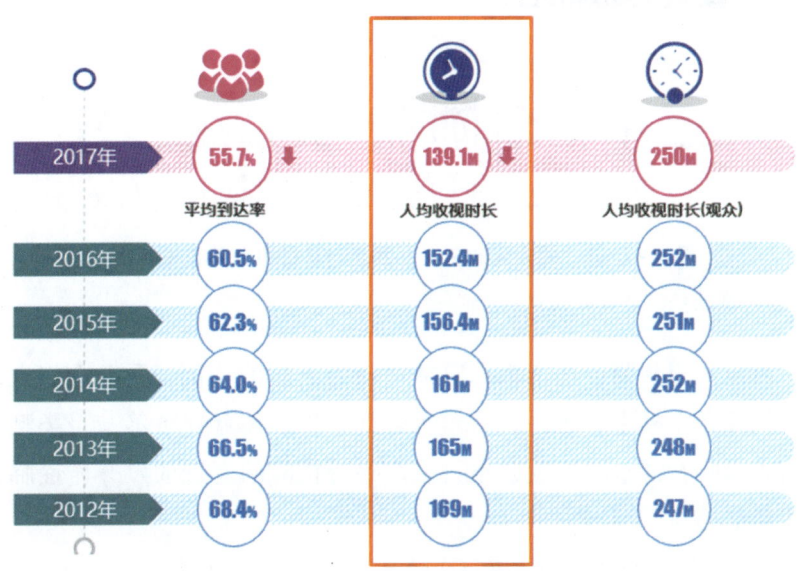

图 2-1-3 电视观众人均收视时长等变化情况

数据来源：CSM 媒介研究。

从 CSM 的收视数据来看，这几年人均收视时长一直在下滑，2017 年更是下滑明显，比 2016 年掉了 13 分钟。但实际上，大屏吸引受众注意力的总时间并没有变短，而是变长了。人们一旦用了智能电视机，直播和点播的时间会被重新分配，直播的时间逐渐被点播切分，出现四六开，甚至三七开。我们看到点播更为自由，时移收视的量越来越大。根据 CSM 的数据，2017 年最火的电视剧《人民的名义》首播收视率是 3.72%，时移收视已经达到了 2.14%；像《奔跑吧》这样的综艺节目首播收视率是2.83%，时移收视率则达到了1.95%。

直播收视率	3.72%
时移收视率	2.14%
时移收视占比	57.7%
直播+时移收视率	5.86%

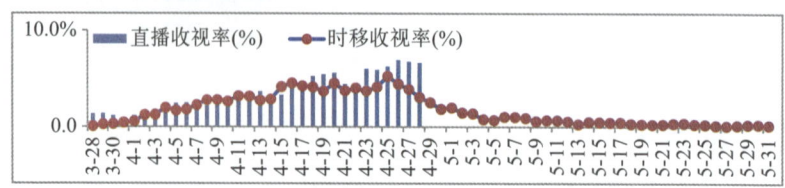

图2-1-4 《人民的名义》发生时移行为分天收视对比

数据来源：CSM媒介研究。

可以大胆预测：在未来，直播将成为点播的特例，受众会将大多数时间花在点播上，也许只有重大新闻事件、体育赛事等节目类型才会有直播收看需求。这就是电视、广播等按时间运行的媒介所面临的一个挑战。

第三个影响媒介变迁的核心变量是"人性"。美国媒介理论家保罗·莱文森在他的著作《人类历程回放：媒介进化论》中提到，"媒介的人性化趋势进化可以被描述为一场媒介从最小化编码和最大化解码向最大化编码和最小化解码靠近的运动——也就是说，随着媒介越来越先进，它们所传递的信息需要感知者进行越来越少的解码，相应，则需要制作者进行越来越多的编码"。简单讲，就是媒介越进化，受众就越少费劲。以阅读和看电视相比为例，当然是看电视更容易一些。显然，电视是最没有门槛的媒介，看电视是不需要被"教"的，可是阅读却有门槛，我们首先得认识字，得有文字理解的能力。另一方面，电视节目的制作过程比书写复杂多了。电视最大化地编码，让受众实现了最小化地解码。所以说，人性对媒介的进化甚至是有决定性作用的。比如，电影是在广播之后才出现的媒介，那为什么无声电影也就是默片没有留下来，而广播却留下来了？因为从人性的角度看，听到的同时不一定看得到，这是人们日常生活中经常出现的信息传播场景，是符合人本性的。反过来，只看得到却听不到，是违反人性的，我们会觉得很别扭。

什么是最符合人性的信息传播和接收方式呢？那就是最早出现的口头传播。笔者有一个判断：人类越往后发展，媒介技术越来越发达的时候，就会越来越再现、还原人类最早的传播场景，就是口头传播。心理学中的"复演说"与此相似，就是人类个体在出生以前即胎儿期复演了动物进化的过程。未来，媒介不断变迁，媒介技术让编码变得越来越复杂的时候，它所产生的效果，将会与非技术传播出现前的样态越来越接近或者相似。

在整个媒介进化图景中，媒体机构和媒体人要更好地把握媒介变迁的大趋势和小趋势。人类的进化本身是无法规划的，但是媒介是人类创造的工具，我们可以主动选择进化，去适应各种变化，这是媒体行业应该采取的策略。

（本文作者：徐立军，央视市场研究股份有限公司执行董事、总经理，CTR 媒体融合研究院执行院长）

2.2 2018年媒体市场趋势

2018年，中国媒体仍处在巨变的浪潮中，机遇与挑战并存；2018年，仍有不变的规律在左右着媒体的变迁。哪些变化值得我们特别关注？哪些不变引发我们新的思考？未来几年，媒体发展的走向如何？CTR基于对媒体市场的持续观察和思考，试图找到媒体市场的未来发展趋势。

一、中国媒体市场格局

纵观当今全球传媒市场，中国无疑是世界上最大的媒介市场，不仅因为中国拥有世界上第一大受众群体，更在于我们拥有世界上最复杂、最多样化的媒介机构：2017年，全国公共广播节目实际数量为2825套，公共电视节目实际数量为3493套，出版社有585家，出版期刊10130种，出版报纸1884种，网站533万个（数据分别来自国家广播电视总局、国家新闻出版署、CNNIC公开数据）……可以说，中国也是世界上竞争最为激烈的媒体市场。

从媒介进化的角度来看，媒介经由口头传播、文字传播进入印刷传播、电波传播、影像传播、互联网传播时代，传播形式越来越多样化。互联网的出现使媒体格局快速进入了一个巨变的时代，因为互联网几乎涵盖了现在所有媒体的传播方式。当前媒体格局下，任何单一的媒体和单一的传播平台都无法达到传播效果的最大化，媒体融合的趋势注定越来越深入。

在众多媒介形态中，电视仍是传播价值最大的媒体，具有较强的品牌赋能效应。CSM 的收视数据显示，电视的受众规模之大是其他媒介形态难以企及的，其在全国的覆盖率几乎达到百分之百；电视也是在媒体碎片化时代能够快速聚合受众注意力资源的媒体，如世界杯决赛 35 城的收视率达到 8.48%，聚焦了中心城市 55% 的受众注意力资源（市场份额）。电视媒体对于广告品牌的价值提升作用也受到了广告主的高度认同，认同度在所有媒体中高居首位。中央电视台推出的"国家品牌计划"就很好地诠释了电视对品牌价值提升的作用，依托于国家电视台的平台和品牌价值为入选国家品牌计划的品牌背书，实现了广告的高触达、高转化，调查显示，87.5% 的国家品牌计划入选企业广告覆盖 8 亿以上受众，91.7% 的国家品牌计划入选企业广告累计接触超过 150 亿人次，所有国家品牌计划入选企业广告的平均到达率为 56%，同时，在收看到国家品牌计划广告的消费者中，超八成受众表示对品牌的搜索度、购买意愿和推荐度有所增加。

在互联网生态中，"两超多强"的格局仍在延续，阿里巴巴和腾讯占据绝对优势，百度、京东、美团、小米等多家互联网企业进入"2018 年中国互联网企业 100 强"（中国互联网协会、工信部联合发布）的前十名。另外，短视频平台借助流量的红利，2018 年快速崛起为互联网行业中的一极，典型代表如今日头条，其旗下的抖音、西瓜视频等短视频引发巨大关注，带动今日头条在百强中的整体排名由第 41 位提升至第 11 位，可谓发展迅猛。

户外媒体作为重要的出行场景媒体，在受众触达方面依然保持着明显的优势，平均日到达率高为 84%。近年来，得益于新技术升级，人脸识别、裸眼 3D、移动 VR 等技术逐渐应用于户外媒体，使得户外新媒体具有了社交化、数字化、智能化的属性，增强了与用户的连接，有助于实现场景化营销，价值得到进一步提升。

二、2018 年媒体市场趋势

2018 年的媒体市场有五大趋势值得关注。

1. TMT 融合模式加速推进，产业边界趋于淡化

所谓 TMT 融合，是指媒体（Media）与其上游的电信运营商（Telecom）及下游的科技企业（Technology）之间的融合，这其中涉及行业的融合以及产业的融合。近几年，TMT 融合发展的案例在国内外并不鲜见，而且呈愈演愈烈之势。

一方面，通信和科技企业加速向媒体领域拓展，扩大业务版图。例如，美国四大电信运营商之一的 AT&T 并购传媒巨头时代华纳，实现了从通信行业向传媒行业的大联通；腾讯先后投资数亿元入股创维旗下的酷开和 TCL 旗下的雷鸟；百度与小米、华为、高通等合作，不断加码对智能硬件的投入等，科技公司正在从内容、平台、入口等全方位向媒体领域布局。

另一方面，媒体自身也在向上、下游进行延伸，力图构建生态联合。中央广播电视总台组建不久就着手与 BAT、中国移动等分别达成战略合作，可以说是 TMT 模式在国内发展最具标志性的事件。地方电视台也在努力探索融合拓展的模式，例如，湖南广播影视集团有限公司与潇影集团、网控集团正式整合，成立新的湖南广播影视集团，实现了从网台分离到网台合一的转变；山东电视台和海信签署战略合作协议，在海信集团 OTT 智能电视云平台上建立了"山东广播电视台"专区，在品牌建设、资源共享、互动营销等方面展开深度合作。见图 2-1-1。

2. 各类媒体合作更加紧密，利益共同体正在形成

随着媒体融合的加速推进，各类媒体之间以联合、联盟等多种方式加强协作，各种各样的利益共同体纷纷涌现，合作共赢成为常态。

（1）主流媒体融合加速，与新媒体共时生存成常态

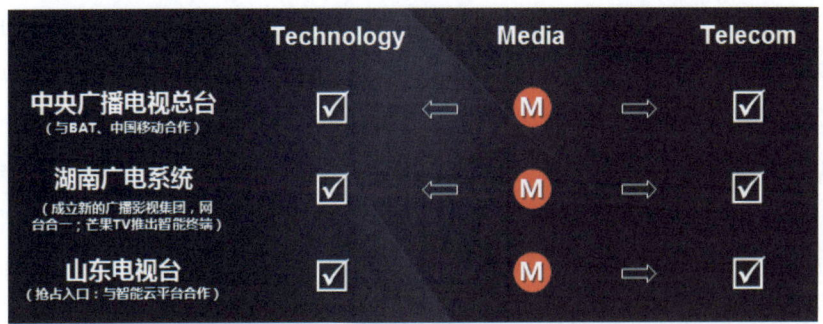

图 2-2-1　媒体向产业链上下游延伸

一方面，主流媒体注重平台的建设，积极打造具有真正融媒体属性的平台。CTR 归纳了四类典型的模式：搭建生态矩阵型平台、建立融媒体集团或新媒体中心、创建互联网视频平台、打造具有服务属性的平台等，成效显著。见图 2-2-2。

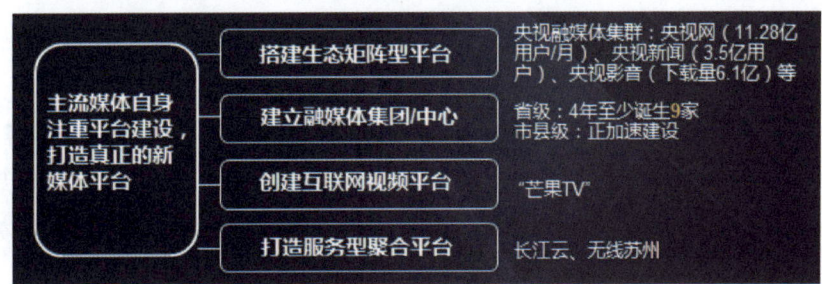

图 2-2-2　主流媒体融合发展的几种主要模式

数据来源：中国记协：《中国新闻事业发展报告（2017）》。

另一方面，主流媒体和新媒体之间的融合向纵深化、全方位的方向进军。台网之间除了常规的传播渠道合作外，还涌现出诸多内容驱动、营销驱动、用户驱动的融合发展成功案例。例如，安徽卫视和爱奇艺合作推出"R 计划"，基于内容开展生产、播出、营销合作；深圳卫视和阿里联合推出《超级发布会》，打造场景化娱乐营销，实现电视与电商、观众与消费者的深度融合等。

（2）主流媒体之间加强协作，合作共赢

通过内容聚合打造"优质内容航母"的央视新闻移动网,吸引了多家媒体和机构入驻,截至上半年入驻矩阵号已超过 300 多家,可见平台影响力之深远。近年来出现了一种新的联盟形式——国内外联盟。例如陕西卫视、甘肃卫视等 7 家省级卫视与哈萨克斯坦、意大利等国外 18 个国家主流电视台建立了"丝路 IP 集群",推出"广电内容 +"产业的融媒体营销模式。此外,还有类似"剧盟"的电视剧联合购、编、推模式以及联合研发、联合播出、联合营销等多种合作模式。

(3) 新媒体之间流量互导,激发沉淀流量价值

互联网流量红利期已结束,如何充分激发现有流量价值?我们看到,新媒体之间也在加强合作,以流量互导的方式实现多方共赢。例如,新浪微博为秒拍导入粉丝,实现粉丝的引流;社交平台与电商合作,将社交场景和消费场景融合,缩短营销链条;短视频平台(如抖音)与电商合作,开发网红电商模式;视频网站与电商合作,如京东和爱奇艺互导会员,实现权益互通。

(4) IP 跨界融合,软 IP 成硬货币

IP 跨界合作在消费品领域较为常见,除了能满足受众的多元化需求外,还具有话题性强、易传播、品牌形象丰满、生产资源节约等优势,不乏成功案例(如周黑鸭与美妆品牌御泥坊联合推出"小辣吻咬唇膏"口红)。IP 跨界合作的本质在于利用品牌价值来扩大 IP 产业链,形成 1 + 1 > 2 的效应,这种思路也可以延用到媒体领域。我们已经看到《复仇者联盟》对超级英雄系列 IP 的成功聚合,也看到有媒体 IP 与消费品 IP 跨界融合的成功案例(如《明日之子》与泡泡玛特合作推出公仔 Molly)。可以预见,未来媒介 IP 的跨界融合将愈发普遍。

3. 泛内容化传播逐渐升级,媒体视频化大势所趋

随着信息供给的爆炸性增长及多元化发展,社交、电商、互联网应用工具、广告等平台或服务载体,都开始重视内容与用户的联结价值,要么生产内容,要么联合内容,呈现出泛内容化的趋势。见图 2 - 2 - 3。

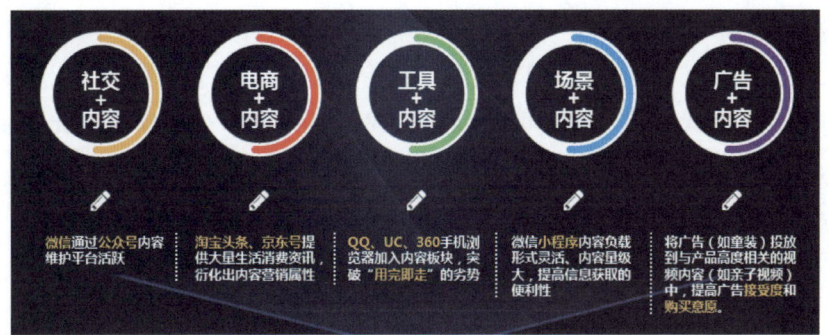

图 2-2-3　泛内容趋势下各种"+内容"现象

移动互联网在提高内容获取便利性的同时，也正在重塑用户对内容的消费心态，即越来越随意化、情绪化、娱乐化，因此，媒体传播手段需要契合新时代用户的信息接受习惯，探寻"有效表达"的方式。我们所熟知的表情包、点赞、综艺花字、"反差萌"形象等，都是有效表达的方式，与用户追求简洁、轻快的习惯和诉求相契合。

"视频化"是近几年发展异常迅猛的内容表达方式。网络提速降费以及智能手机的普及，为网络视频尤其是短视频的发展孕育了土壤，CNNIC 公开数据显示，截至 2018 年 6 月份，网络视频在网民中的使用率已经达到 76%，网络视频用户规模较四年前增加了 39%，视频的传播形态越来越被大众所接受。媒体也在主动适应这种趋势。我们看到，原本以文字报道为主的纸媒如《人民日报》、《新京报》及新华社等也纷纷进入了视频领域，分别推出了人民视频、我们视频、CNC 新华网络电视等视频项目。视频化也符合媒介进化的规律，其本质是再现场景，符合信息传播的人性化的需求。随着 5G 时代的来临，可以预见，未来媒体的绝大部分流量将来自视频化内容。

媒体形态的发展高度依赖技术革新的推动，科技巨头们保有巨大的媒体能量，但尚未进化出与其媒介能量相匹配的媒体能力，因此不可避免地带来一系列技术风险。例如隐私泄露、科技成瘾、虚假新闻等，媒体生态问题受到普遍关注。隐私保护方面，被称为"世界最严"的欧盟隐私法案《一般数据保护条例》（简称 GDPR）于 2018 年 5 月

25日正式生效，脸书、苹果等科技公司纷纷响应，加强隐私保护力度；反科技成瘾方面，谷歌、腾讯等科技公司推出反沉迷系统；虚假新闻打击力度全球升级，科技公司加强自查自纠力度。在新媒体时代，媒体行业的可持续发展必将赋予技术价值属性，无论对于主流媒体还是互联网媒体，社会责任将愈发受到重视。

4. 大众传媒小众传播，传播垂直化

在互联网的分流下，年轻群体的电视收视时长不断下降早已是不争的事实，但近几年这种趋势开始向中老年观众蔓延。CSM收视调查数据显示，45岁以上中老年观众的人均电视收视时长也在逐年减少，毋庸置疑，减少的时间流向了互联网。此外，低幼族、三线及以下城市的用户也逐渐进入互联网的主流视野。伴随而来的受众需求将进一步细分，注意力也将愈发碎片化，而且变得越来越稀缺。

对电视媒体来说，不仅出现群体性的收视下滑，"收视地标"的诞生概率也将更低。收视调查数据显示，与2012年相比，2017年晚间上星频道破1%、破2%的高收视节目规模出现大幅缩减，高收视综艺节目也面临同样的变化趋势，现象级节目资源将更加稀缺。对于拉动收视另一辆重量级马车——电视剧来说，收视则持续平淡，收视高原收窄、高峰下降。CTR统计显示，2015年，收视率破1%的电视剧有60部，破2%的有14部，破3%的有6部，但2018年截至上半年，破1%的只有24部，破2%的只有1部，破3%的尚未出现，且上半年剧王《娘亲舅大》的收视率也大幅低于往年剧王的水平。

电视收视率的整体性下滑是媒体内容日渐丰富、受众注意力资源更加碎片化的必然结果。但是，从一定程度上讲，由于媒体内容品质在不断提升，收视率的货币价值显得愈发具有含金量。参见图2-2-4。

当然，不止是电视领域，互联网自身也面临注意力分散的问题。互联网的海量内容一方面极大地丰富了网络用户的需求，另一方面也加剧了用户注意力的分化。以APP的使用情况为例，中国市场APP数

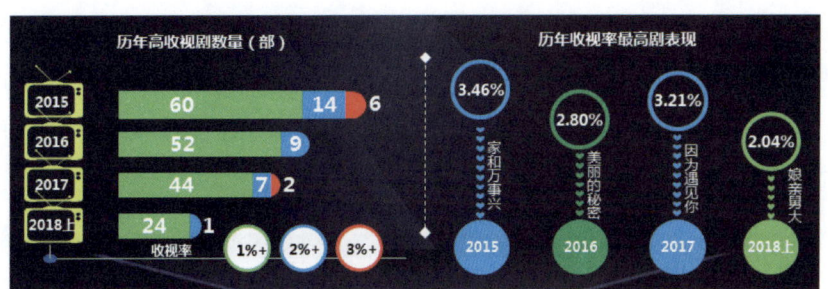

图2-2-4 近几年电视剧市场高收视剧变化趋势

数据来源：CSM全国测量仪，19：30-24：00，联播剧分频道统计。

量超过406万个，移动网民中拥有25个以上APP数量的用户占比超过50%。APP及其他各类媒体平台提供了浩瀚的资源，然而用户的注意力资源是有限的，如何抢占这些有限的注意力资源？

纵观互联网的发展轨迹，互联网已经从传统的流量1.0时代进化到了由算法驱动的流量2.0新时代，用户被动触达的"人找信息"的搜索方式已经被"信息找人"的分发方式所摒弃，大数据借由技术升级应用如用户画像算法、内容分发算法等实现了信息的精准推送，人们能够更加容易地获取到自己想要的信息，这样就更容易形成圈层文化，出现用户圈层化的现象。而为了更好地实现传播目的，垂直化传播也必将成为大趋势，如此，媒体生态圈被加速重塑，大众传媒的小众传播时代即将来临。

5. 产业化推动实体化发展，媒体功能越来越多样化

在过去，媒体最主要的收入来源是广告费，但随着广告增长趋势放缓，媒体必须要探寻新的生存、运营模式。CTR系统研究发现，产业化、实体化将是媒体融合转型的重要方向，媒体与企业、政府等深度融合，利益共享、风险共担，可实现媒体价值的有效延伸。

以下是几种新型的产业化模式：

通路化的模式。北京卫视2018年和三元食品联手将一款新产品推向市场，这次合作打破了台企之间广告资源买卖的传统关系，北京卫视的台属企业京视卫星承担起了"总经销商"的角色，整合平台资源，独立承担新品的推广、销售，并且与三元进行利润分成。这是一线卫视与一线品牌之间的首次深度产业战略合作。可见，从单一广告模式向广告＋产业的利益共享模式的转变，是未来台企合作的一个方向。见图2-2-5。

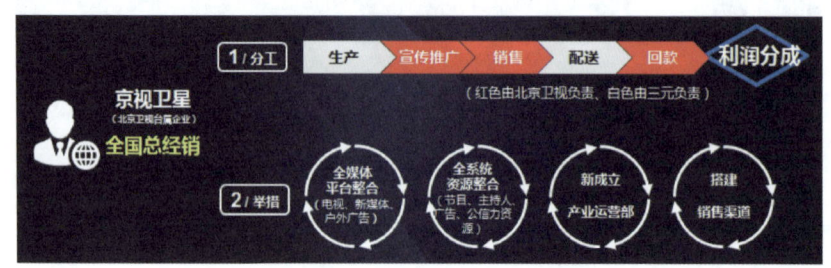

图2-2-5　北京卫视新型产业化模式

公共服务模式。这种模式主要是媒体发挥其特有的公信力和资源优势，承担部分政府的公共职能，以承接政府外包项目的方式开展产业化运营。以成都电视台为例，主要采用了以下三种模式：一是政府委托模式，即政府出资，电视台执行；二是公办民助模式，即政府主办，电视台参与；第三是民办公助模式，即电视台主办，政府提供资金等支持。电视台可切入的领域包括政府活动、文化基金、政府培训，等等。

IP运营模式，即以节目IP为核心开发产业链。近几年IP运营涌现出一些新现象、新特点：①IP全产业链开发，如爱奇艺建立了苹果树生态系统，拥有广告、付费会员、出版、发行、衍生业务授权等九大IP货币化手段；②IP联合推出新产品，如动漫IP《吾皇万睡》与Keep APP联合推出新课程；③用户/粉丝互导，如网易云音乐与屈臣氏合作，开展融合会员业务；④粉丝运营，如《这就是街舞》利用粉丝效应开展线下巡演、线上衍生品销售等。

回顾近一年的媒体市场，媒体融合已进入深水区，不仅有内容的融合，也有平台的融合、行业的融合、产业的融合。在融合发展意识的指引下，媒体间的合作更加紧密，以各类利益共同体的方式寻求更大的发展空间，产业化、实体化成大势所趋，媒体功能也越来越多样化。与此同时，内容价值也正在以多种形态回归，"+内容"成为趋势。而随着5G时代的即将来临，视频化的内容表达方式将成为主流的媒体形态。借助各类大数据算法，人们获取信息的成本越来越低，推动了圈层文化的形成，垂直化传播将蔚然成风，大众传媒将加速步入小众传播时代。

（本文作者：姜涛，CTR总经理助理、个案集群总经理、CTR媒体融合研究院执行副院长；万强、安宝丹，CTR个案集群研究部）

2.3

广告企稳回升，头部化格局显现
——2018年中国媒体市场趋势

2017年中国广告市场增幅扩大至4.3%，相比前两年，市场已表现出明显的回暖迹象。CTR媒介智讯认为，广告市场的这种回暖，或将继续维持。

一、宏观经济继续平稳增长

2017年中国经济运行稳中向好，GDP同比增长6.9%。其中，消费对经济的增长贡献突出。国家统计局发布的数据显示，最终消费支出对经济增长的贡献率为58.8%。同时，社会消费品零售总额不断增长，增幅持续稳定在10%以上。

广告主对宏观经济走势的良好预期，也提振了广告市场的人气。权威研究机构CTR发布的《2017中国广告主营销趋势调查报告》显示，广告主对国民经济的预期所呈现的V型走势，与最近三年的GDP数据走势是相契合的。这正好印证了业内流行的一句话：广告是经济的晴雨表。而我们也会在《2018中国广告主营销趋势调查报告》中做进一步的解读。见图2-3-1。

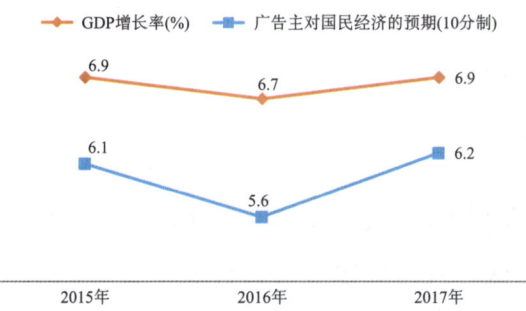

图 2-3-1　2015—2017 年中国 GDP 和广告主对国民经济预期走势

数据来源：GDP 数据来自国家统计局；广告主对国民经济预期来自 CTR《2017 中国广告主营销趋势调查报告》。

二、媒体间的增速差距进一步缩小

2017 年，传统媒体板块广告投放的整体下降趋势有所缓和。一方面，电视广告明显止跌回升，广播广告的增幅进一步扩大，而报纸和杂志广告的降幅也有所收窄。另一方面，数字媒体的广告增速进入了平稳发展期。户外生活圈媒体板块中的电梯媒体广告维持 20% 左右的增速，而影院视频广告也回归到理性增长。见图 2-3-2。

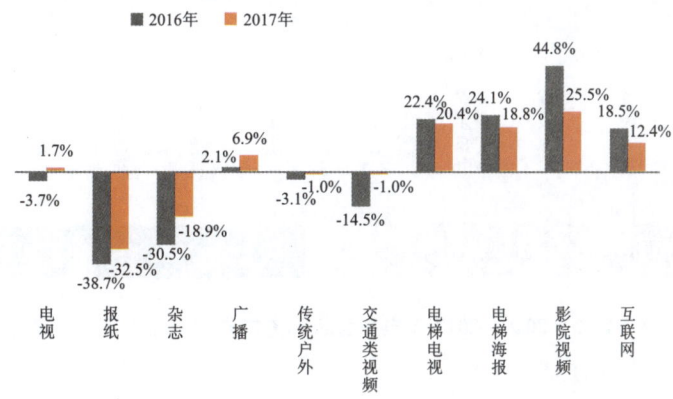

图 2-3-2　2016—2017 年各媒介广告刊例花费变化

数据来源：CTR 媒介智讯。

三、电视媒体以品牌化生存，向头部化集中

在近两年数字媒体的快速发展、超级网综的"攻城掠地"、触屏习惯的变迁等诸多因素的影响下，一直处于高花费、高比重投放状态的电视广告被分流。但在这样的大趋势下，电视广告从2016年下降3.7%逆转为2017年增长1.7%，对广告市场大盘增长的影响从带动回调，变成了推动回升。

具体来看，中央电视台在2017年的表现最为突出，广告时长和广告刊例收入实现了双重增长。省级卫视经过一段时间的调整后，广告刊例收入和广告时长都有所好转。省级地面台虽然稳住了广告收入，但广告时长仍处于下探阶段。见图2-3-3。

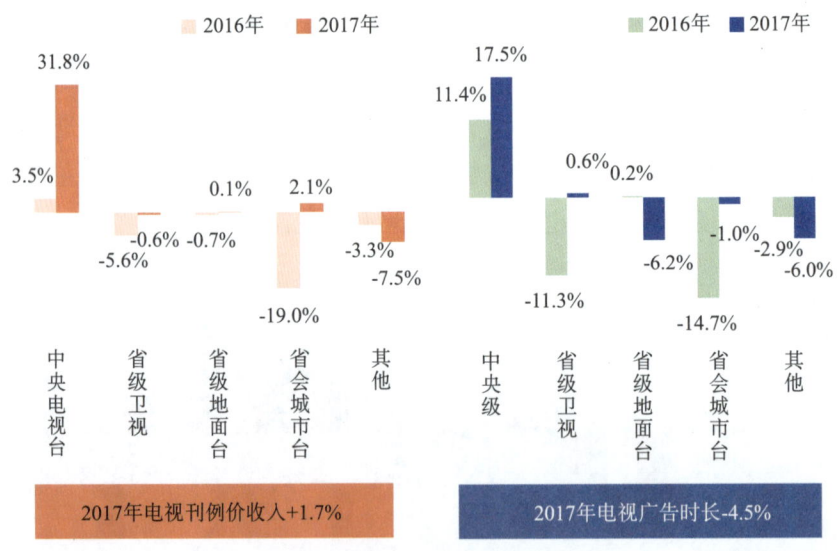

图2-3-3　2016—2017年电视各级频道广告刊例收入及时长变化

数据来源：CTR媒介智讯。

四、CCTV：打造品牌化平台

品牌是企业乃至国家竞争力的综合体现，它代表着供给结构和需求结构的升级方向。当前，我国品牌发展滞后于经济发展，虽然不乏优秀企业，但品牌和知名度仍是短板。在品牌消费时代呼唤国家品牌的背景下，中央电视台以"品牌服务"为经营理念积极求变，推出"国家品牌计划"拳头产品，为各行各业的一流品牌提供全方位传播服务，从而吸引了更多大品牌的加盟，达成更加紧密的合作关系。

CTR媒介智讯的研究显示，加入"国家品牌计划"的品牌对中央电视台刊例收入贡献大幅提升，2017年在中央电视台刊例收入的比重较2016年高出近17个百分点。可见，中央电视台的品牌价值跟广告价值让企业主充满信心，"国家品牌计划"的认同度也越来越广泛。见图2-3-4。

图2-3-4 国家品牌计划的品牌花费在中央电视台广告刊例收入中的占比

数据来源：CTR媒介智讯。

中央电视台也在这个品牌平台上，不断调整资源结构，为广告主提供更好的播出资源。2017年，中央电视台的广告时长增加了17.5%，较2016年的11.4%又进一步扩容。特别是一些重要频道，中央1套、中央8套、中央3套、中央13套、中央4套等广告时长增幅都高于2016年。见表2-3-1。

表 2-3-1 2016—2017 年中央电视台各频道（套）广告时长变化

中央电视台各频道	2017 年时长同比（%）	2016 年时长同比（%）
电视剧频道（8 套）	122.0%	32.3%
科教频道（10 套）	97.2%	58.4%
综艺频道（3 套）	95.0%	27.6%
CGTN	91.2%	-97.2%
纪录频道（9 套）	58.7%	77.9%
体育赛事频道	56.3%	28.1%
中文国际频道（4 套）	49.4%	21.6%
综合频道（1 套）	35.1%	-16.9%
新闻频道（13 套）	30.8%	-9.1%
财经频道（2 套）	26.8%	5.2%
戏曲频道（11 套）	22.2%	308.5%
军事农业频道（7 套）	9.7%	-9.7%
社会与法频道（12 套）	0.3%	19.8%
电影频道（6 套）	-8.6%	1.2%
体育频道（5 套）	-22.5%	0.5%
音乐频道（15 套）	-34.5%	9.9%
少儿频道（14 套）	-43.0%	-2.0%
各频道（套）合计	17.5%	11.4%

注：按照各频道 2017 年广告时长增幅排序。

数据来源：CTR 媒介智讯。

五、卫视：头部化进一步加剧

近年广电总局对于电视综艺节目的监管日益严格，出台了多个针对性极强的政策规定，2017 年多档王牌综艺节目受到影响，综 N 代的吸睛力也正在下滑……如何在综艺节目数量越来越多的情况下"爆款"？怎么迎合口味越来越高的观众们？还要在主管部门监管和政策导向下不断探索。

省级卫视在这场大考中则是迎难而上、冲劲十足。江苏，北京，浙江，东方和湖南五大一线卫视在新综艺节目的数量占比逐年稳定增长，2017 年达到 54.8%，提供了一半以上的综艺资源。同时，这五大卫视市场份额相较 2016 年呈现更高的集中度。见图 2 – 3 – 5、图 2 – 3 – 6。

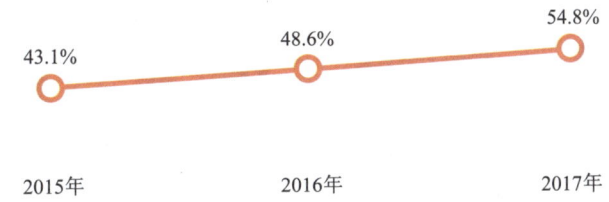

图 2 – 3 – 5　2015—2017 年五大卫视在新综艺节目中的数量占比

数据来源：CTR 媒介智讯。

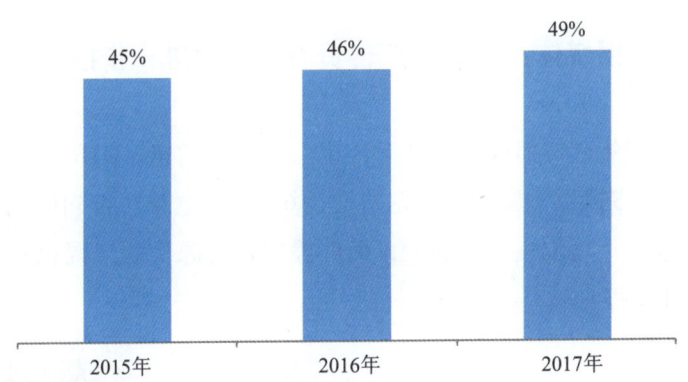

图 2 – 3 – 6　2015—2017 年五大卫视市场份额集中度变化

数据来源：CTR 媒介智讯。

内容所形成的平台溢价，造成了这些头部化媒体对广告市场的影响力进一步增强。2017 年品牌数量前十名的省级卫视中五大一线卫视全部入围，从新增品牌的数量占比来看，一线卫视虽然均低于 50%，但恰好反映其和品牌方的合作粘性较大，客户的留存度很高。而非一线卫视新增品牌数量则占到 60% 以上，老客户的维护还有待加强。见表 2 – 3 – 2。

表2-3-2　　2017年品牌数量前十的省级卫视

媒体名称	2017年品牌数量（个）	与2016年相比的数量变化（%）	2017年新增品牌数量占比（%）
甘肃卫视	661	-8.2	91.1
江苏卫视	443	-20.8	49.4
内蒙古卫视	396	57.1	88.4
湖南卫视	375	0.5	41.1
安徽卫视	363	-9.5	62.0
东方卫视	360	-7.5	37.5
浙江卫视	356	-16.8	31.2
广西卫视	325	-13.3	84.0
湖北卫视	322	3.9	62.7
北京卫视	304	-6.7	44.4

数据来源：CTR媒介智讯。

六、广播媒体：内容与广告资源都值得进一步挖掘

自2016年起广播媒体已领衔传统广告花费增速。CTR媒介智讯的研究显示，广播媒体广告刊例花费增长6.9%，电视广告刊例花费增长1.7%，较上年增幅进一步加大，而广播广告资源量的降幅也在明显收窄。见图2-3-7。

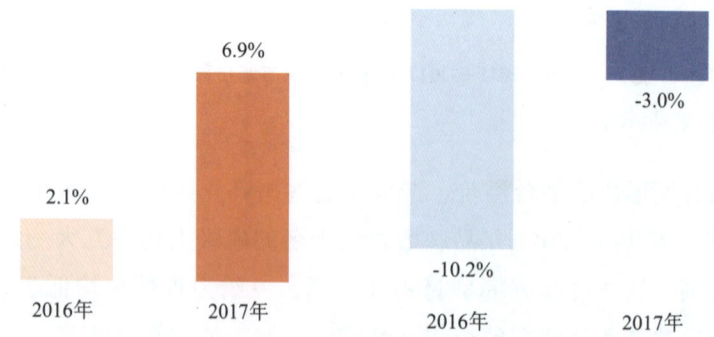

图2-3-7　2016—2017年广播广告刊例收入及时长变化

数据来源：CTR媒介智讯。

广播广告不同时段的时长交替增长。2016 年主要加大了 8 点、11 点、14 点以及晚高峰的广告时长，而在 2017 年这几个时段的广告时长增幅有限，较大的增幅出现在 10 点、13 点、16 点。广播广告还有更多可开发的资源或空间。见图 2-3-8。

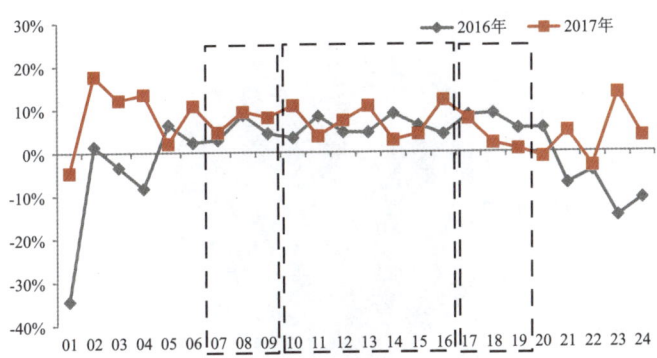

图 2-3-8　2016—2017 年广播商业广告时长的时段同比变化

数据来源：CTR 媒介智讯。

垂直化频率保持稳定增长。广播广告刊例收入最多的频率依然是交通类、音乐类、综合类和新闻类。2017 年交通类和音乐类频率的广告刊例花费保持着几乎同步的增速，分别增长 14.4% 和 15.5%；新闻类频率从 2016 年的下降逆转为 2017 年略有增长；而综合类频率则一改 2016 年的增长势头，广告刊例花费下降 6.9%。见图 2-3-9。

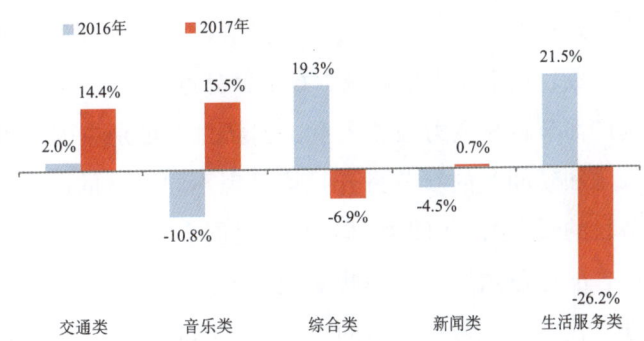

图 2-3-9　2016—2017 年广播广告刊例花费 TOP5 频率类型增幅

数据来源：CTR 媒介智讯。

同时，交通类、音乐类对新品牌的吸引力大于其他频率类型，尤其是有近半数的新品牌选择将广告投放在交通类频率，其吸金力显著。见图2－3－10。

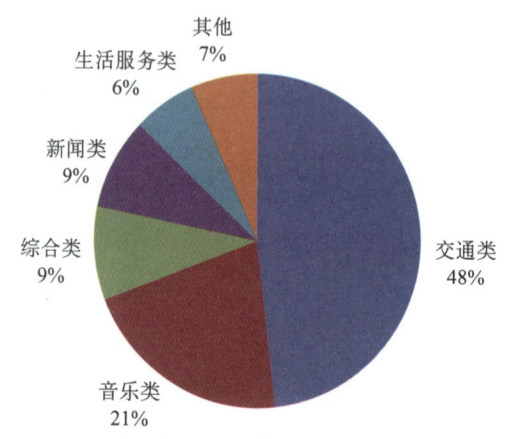

图2－3－10　2017年广播广告新品牌各类频率分布

数据来源：CTR媒介智讯。

对于广播媒体来说，支柱性的节目依然是生活服务、音乐和新闻类节目，而这些节目同样也是广播媒体广告收入的主力支柱，但根据CTR媒介智讯2017年对这三大节目类型的吸金度观察，生活服务类节目刊例花费较2016年增幅有所放缓；音乐类刊例花费由下降变增长；而新闻类则出现小幅下降。这三大类广播节目的广告刊例花费占总体广播广告近八成，比上年占比略减1.6个百分点。

三大类广播节目吸金力强差人意，创新力不足是主因。2017年生活服务、音乐和新闻类的新节目开发均呈现不同程度的减少，如何提振支柱性节目的吸金力，值得媒体深思。见图2－3－11、图2－3－12。

广播广告的行业结构有了一些变化。大众生活品质的提升，养生意识的增强，让广播广告迎来新的生机，保健品行业的刊例花费同比增长58.9%；区域性的商业及服务性行业继续保持广播广告增投态势，刊例花费同比增长49.7%；而随着互联网企业的蓬勃发展，网站的广

第2编　中国传媒市场趋势

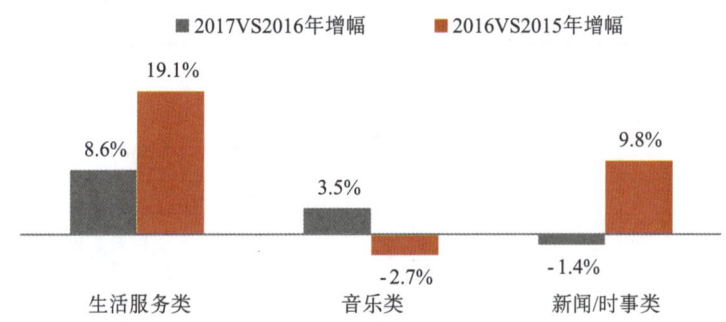

图2-3-11　三大类广播节目广告刊例花费增长情况

数据来源：CTR媒介智讯。

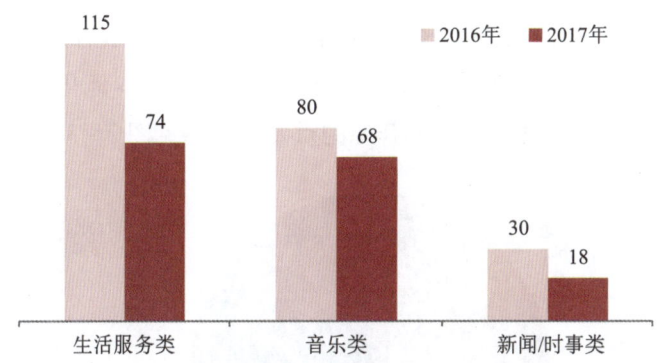

图2-3-12　2016VS2017年三大类广播新节目量对比（个）

数据来源：CTR媒介智讯。

告投放增幅明显，达20.6%；受众新的理财观念逐渐形成，银行业务需要"广而告知"，在广播媒体投放也有明显的增长。见表2-3-3。

表2-3-3　2017年广播五大支柱行业刊例花费前五品类增幅

商业及服务性行业		交通		邮电通讯		金融业		食品	
品类	2017年增幅	品类	2017年增幅	品类	2017年增幅	品类	2017年增幅	品类	2017年增幅
零售服务	-2.90%	交通工具	2.30%	网站	20.60%	保险	-6.20%	保健食品	58.90%
医疗/保健机构	1.30%	机动车相关服务	21.40%	全网服务	31.80%	银行业务	18.30%	糕点饼干	42.90%

续表

商业及服务性行业		交通		邮电通讯		金融业		食品	
商业及服务性行业-其他	49.70%	交通-企业形象	-4.00%	移动网络服务	-5.80%	银行	1.70%	食品-企业形象	-3.40%
教育/培训	-0.40%	交通运输服务	-21.60%	数据多媒体服务	2.50%	银行卡	-13.30%	方便食品	32.70%
律师行	78.60%	交通-其他	-74.90%	电信运营商企业形象	94.20%	金融业-企业形象	-51.10%	肉类	75.30%

数据来源：CTR 媒介智讯。

而从投放整体广播广告的新品牌来观察，有三成新品牌来自商业及服务性行业，两成来自娱乐及休闲行业，广播的本地化媒体特性依旧突出。这也是广播广告继续开源的重要方向。见图 2-3-13。

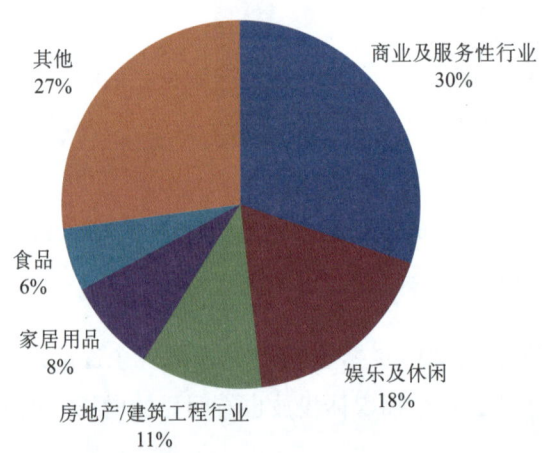

图 2-3-13　2017 年广播广告新品牌数量在各行业分布

数据来源：CTR 媒介智讯。

七、户外广告的发展重点是数字户外

户外广告，花开两朵，各表一枝。

先来看看传统广告。随着各大城市的快速发展，优化市容是市政建设的重点之一，因此不少城市近年来持续对户外广告进行整改与资源规划。2017年1月上海公布《户外广告设施设置阵地规划》，规定外滩历史风貌区、人民广场部分区域以及黄浦江、苏州河部分沿岸区域等禁设户外广告；4月北京，除了商业地块外，非商业建成区将不再新增户外广告点位……其他城市对户外广告的大大小小整改更是不胜枚举，这对传统户外广告的规模化形成了冲击。

CTR媒介智讯的研究显示，2017年整体传统户外广告面积继续大幅下降，相比2016年减少了15.3%。除东北的沈阳、哈尔滨、大连，南方的福州以及西南的重庆市面积增加外，其余城市面积继续减少。由于传统户外广告的资源减少，未来传统户外媒体的资源价值也会面临重估。见图2－3－14。

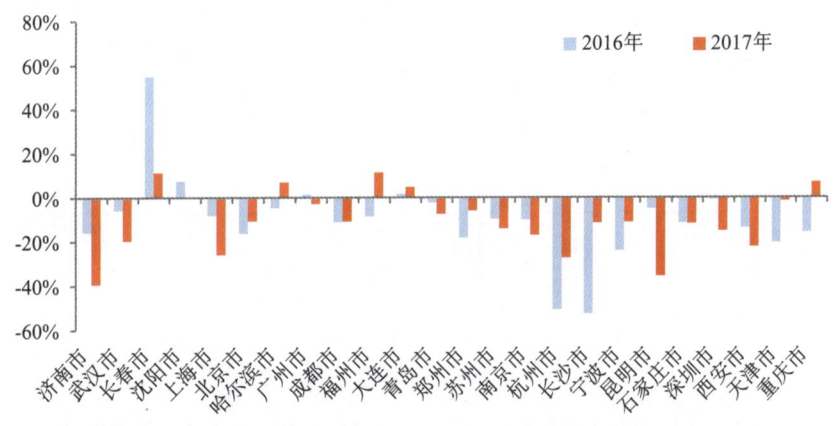

图2－3－14　2016—2017年传统户外广告各城市的面积变化

注：城市按照广告刊例花费排序。

数据来源：CTR媒介智讯。

而户外生活圈媒体则是另一番景象。CTR媒介智讯的研究显示，2017年全媒体广告投放排名前二十位的广告主，有七成投放了二个以上的户外生活圈媒体类型。户外生活圈媒体作为中国媒介三大生态圈之一的地位价值已得到广告主的广泛认可。见表2－3－4、表2－3－5。

表2-3-4　2017年TOP20广告主媒介广告投放分布情况

排名	广告主	电视	电台	报纸	杂志	传统户外	电梯电视	电梯海报	影院视频	交通类视频
1	内蒙古鸿茅国药股份有限公司	√	√	√		√	√	√	√	√
2	宝洁（中国）有限公司	√	√		√		√	√	√	√
3	天地和家装集团									√
4	广州医药集团有限公司	√	√							
5	康朝药业有限公司	√							√	
6	可口可乐公司	√	√	√	√			√	√	√
7	西安阿房宫药业有限公司	√				√				√
8	哈尔滨仁皇药业股份有限公司	√	√	√						√
9	西安杨健药业有限公司	√	√				√	√		
10	甘肃西峰制药有限责任公司	√	√	√				√		
11	欧莱雅集团	√	√	√	√			√		√
12	联合利华（中国）有限公司	√	√		√		√	√	√	√
13	达利食品集团有限公司	√	√	√				√		√
14	汇仁集团	√	√		√		√			√
15	内蒙古伊利实业集团股份有限公司	√	√	√	√		√	√	√	√
16	玛氏中国爱芬食品（北京）有限公司	√				√	√		√	

续表

排名	广告主	电视	电台	报纸	杂志	传统户外	电梯电视	电梯海报	影院视频	交通类视频
17	贵州怀仁茅台镇仁和酒业有限公司	√	√	√						
18	百胜中国投资有限公司	√	√	√	√	√	√	√	√	√
19	阿里巴巴集团	√								
20	惠氏公司	√				√	√	√		√

数据来源：CTR 媒介智讯。

表 2-3-5　2017 年四大户外媒体花费 TOP5 行业

	传统户外		电梯海报		电梯电视		影院视频	
排名	行业	2017年增幅	行业	2017年增幅	行业	2017年增幅	行业	2017年增幅
1	邮电通讯	-3.70%	邮电通讯	5.70%	邮电通讯	23.00%	交通	19.30%
2	商业及服务性行业	4.30%	商业及服务性行业	31.50%	电脑及办公自动化产品	55.90%	活动类	6.90%
3	房地产/建筑工程行业	-19.10%	交通	-9.40%	饮料	20.50%	邮电通讯	-1.40%
4	娱乐及休闲	6.00%	食品	67.60%	娱乐及休闲	16.00%	电脑及办公自动化产品	102.80%
5	交通	-0.70%	电脑及办公自动化产品	-10.40%	化妆品/浴室用品	31.10%	化妆品/浴室用品	8.80%

数据来源：CTR 媒介智讯。

广告主也出现了向数字户外迁移的迹象。2017 年，互联网企业在数字户外的刊例广告花费增长了 33.2%，而在传统户外仅增长了 5.5%。这类企业想不断地通过更贴近生活和使用习惯的生活圈媒体提升自己的品牌影响力和价值。

一些传统型广告主也陆续出现在数字户外的高投放榜单。例如，农夫山泉在电梯电视上多次大规模投放，郎酒在2017年暑期投放电梯媒体和影院视频。见图2-3-15。

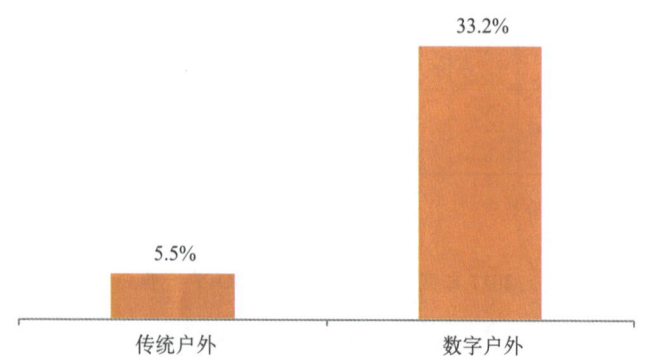

图2-3-15 2017年互联网公司在传统户外和数字户外媒体的花费变化

数据来源：CTR媒介智讯。

八、信息流广告带动互联网广告的新一轮增长，热点频出

根据CNNIC最新发布的数据显示，截至2017年12月，中国网民已达7.72亿，互联网普及率达到了55.8%，超过了亚洲和全球的平均水平。其中，手机网民的数量已经占了整体网民的97.5%，与此对应的是台式电脑、笔记本电脑、平板电脑使用率的下降，手机几乎成了各种智能终端的首选。

在移动网络的成熟时期，信息流广告也进入高速增长阶段。例如，百度2017年第四季度财报显示，百度信息流分发量及广告收入均环比增长20%。

在信息流广告的加持之下，BAT的市场头部地位稳固。百度2017年财报显示，网络营业收入为731亿元，比2016年增长13%，远远高于2016年0.8%的增长率；腾讯虽未公布全年网络广告收入，但从各季度财报的统计来看，2017全年网络广告收入为404亿元。BAT将继续以7成左右的份额占据着互联网广告市场的主导地位。

移动互联网的广告收入也明显地集中在头部媒体。CTR媒介智讯的研究显示，2017年投放APP广告的品牌中，有70%投放过资讯类APP，有30%投放过视频类APP。而在这两类APP中，也是头部媒体有更强的获客能力。例如，今日头条连续两年成为50%的APP广告投放品牌。

当然，在技术更先进、流量更易迁移的情况下，会随时出现新的头部化标杆。利用信息流广告开始商业化的抖音，已经成为头条系短视频矩阵中的价值王者。据《每日经济新闻》的记者估算，和抖音的品牌合作起步价需要30万元。

九、结语

广告市场调整，在2018年就要进入新的阶段。一是传统媒体的考验或将更加严峻，不管是政策因素，还是广告主的投放意愿，都会引发传统媒体对自身定位的思考，是继续做一个内容分发平台，还是向具有带货能力的可销售资源整合平台转型。二是数字媒体的后半场有大家可以预知的现象，也充满了因为AI等技术因素带来的不确定性。在应对未来的不确定性的过程中，各类媒体在调整中会呈现越来越明显的头部化格局。

强者越强，但弱者不一定消失。正如央视市场研究（CTR）执行董事、总经理、CTR媒体融合研究院执行院长徐立军提出的"互联网是一切媒介的母媒介"。这就意味着媒介生态中颠覆与被颠覆、替代与被替代的零和游戏的规则已经被改变。未来媒体需要更多的想象和创新空间。

（本文作者：郑致美、王娜、李聪，CTR媒介智讯）

2.4 中国媒体受众市场发展趋势

互联网给媒体市场带来的变化，远远大于以往任何媒体的出现给媒体市场带来的变化。当互联网普及后，所有的媒体，无论是传统媒体还是新媒体都被融合在互联网之中，媒体形态在发生变化，传播网络在发生变化，传播内容也在发生变化。互联网时代的媒体市场从来没有像今天如此复杂、如此丰富、如此多彩！

互联网给中国、给中国媒体带来的变化，远远大于它给任何一个国家带来的变化。今天的中国人，每天就生活在全世界最复杂、最丰富的媒体环境中。在这个时代，受众的媒体接触行为也不可避免地发生巨大的变化，而受众的变化反过来又影响着媒体市场的发展。本部分主要应用央视市场研究中国城市居民调查（CNRS）的数据，来探究互联网时代中国媒体受众市场的变化趋势。

一、网络媒体持续增长，成为第一信息媒体

1. 互联网媒体持续稳定增长

近年来随着互联网技术的不断突破，居民的日常生活越发依赖互联网。CNRS 数据显示，2013 年到 2017 年，互联网的日到达率稳定提高，2017 年日到达率为 79.6%，在 2016 年 76.0% 的高基础上又增长了 3.6% 个百分点，日均接触时长达到 189 分钟，比 2013 年增长 20 分钟，

占到每天时间的13%，所占时长为所有媒体之最，成为居民生活中普及最广泛的第一信息媒体。见图2-4-1。

图2-4-1　2013—2017年互联网在城市居民总体中的日到达率及日均使用时长

数据来源：CNRS-TGI中国城市居民调查2013—2017年60城市。

2. 中老年城市居民是互联网增长亮点

互联网带来的便利性与普及性也使越来越多的中老年居民开始接触互联网，40—49岁与50—59岁的居民是近年互联网普及性的主要增长来源。其中40—49岁居民中的互联网日到达率近三年来保持了7%左右的增长。至2017年底，40—49岁居民中的互联网普及率已经高达88.5%，与20—29岁、30—39岁两大互联网受众不相上下；而50—59岁年龄段的互联网日到达率增长超过12%，2017年达到54.6%，首次过半。见图2-4-2。

3. 依托技术，互联网媒体不断创新，深植生活

得益于互联网技术的不断成熟，网络在居民的日常生活，尤其是40岁以下的年轻族群中，所扮演的角色越发重要。逾一半居民同意"我现在花更多时间上网，网络越来越成为生活中不可缺的部分"的说法，这一比例在30—39岁年龄段的居民中占比高达70.0%。信息传播是媒体最主体的功能，互联网已经成为第一信息搜寻媒体，76.1%的城市居民在"需要信息的时候，我首先想到的是上网获取"，20—29

图 2-4-2　2015—2017 年各年龄段城市居民总体中的互联网日到达率（%）

数据来源：CNRS-TGI 中国城市居民调查 2015—2017 年 60 城市。

岁及 30—39 岁年龄段中对这一说法的认同率高达 90.0%；同时，网购的便利性也促使了居民对于网络的依赖，有 54.7% 的居民表示"网上购物使我的生活变得更加轻松"，这一比例在 30—39 岁的人群中高达 70%。网络对于生活的重要性可见一斑。

4. 互联网广告形式多样，吸引力不断提升

技术优势给了网络广告更大的创作空间，AI 技术的不断成熟，算法不断优化，数据赋予了网络媒体更多的能量，网络广告的吸引力不断提升。以网络视频贴片广告为例，2013 年时，仅有 39.2% 的居民会留意视频广告中的贴片广告，至 2017 年，这一比例增加了 6.5 个百分点。达到 45.7%。带动网络广告接受度增长的除了技术发展之外，还有网络安全的不断提升。以网络购物安全性为例，2013 年只有 29.2% 的人感到网络购物安全，2017 时这一比例达到 40.3%，增长了三分之一。

5. 手机成为互联网行为主要端口

就终端来看，手机端已经取代 PC 端成为最重要的上网终端。居民每日花在 PC 端上的上网时长已经由 2013 年的 132 分钟大幅减少到 2017 年的 67 分钟。与此相反，在手机端的上网时长则由 51 分钟大幅

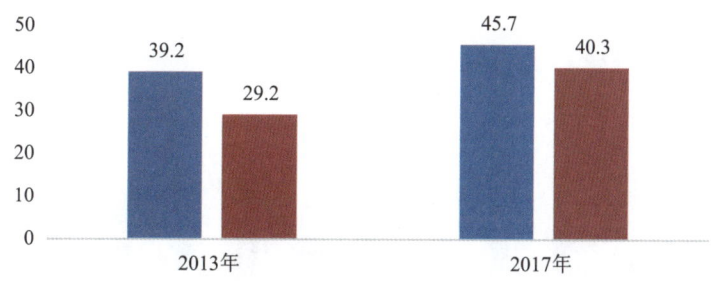

图 2-4-3　2013—2017 年互联网媒体观语句赞同率%

数据来源：CNRS-TGI 中国城市居民调查 2013—2017 年 60 城市。

增长至 97 分钟，手机端的重要性不言而喻。从上网行为的实现方式来看，移动端在如聊天、微博等社交类功能，及购物、天气等生活服务类功能方面使用率均明显高于 PC 端，而 PC 端仅在收发邮件时优势较为明显。见图 2-4-4、图 2-4-5。

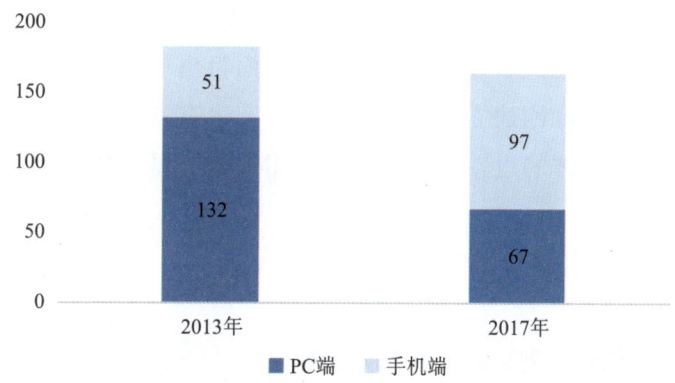

图 2-4-4　2017 年中国城市居民平均每天上网时长（分钟）

数据来源：CNRS-TGI 中国城市居民调查 2013 与 2017 年 60 城市。

6. 互联网技术带动传统媒体发展

互联网普及的同时也为传统媒体创新带来驱动力，媒体融合的核心便是互联网技术的探索与应用。如以芒果 TV 为代表的电视媒体，以传统电视卫视为主要节目渠道，并以自制独播节目作为内容强化，实

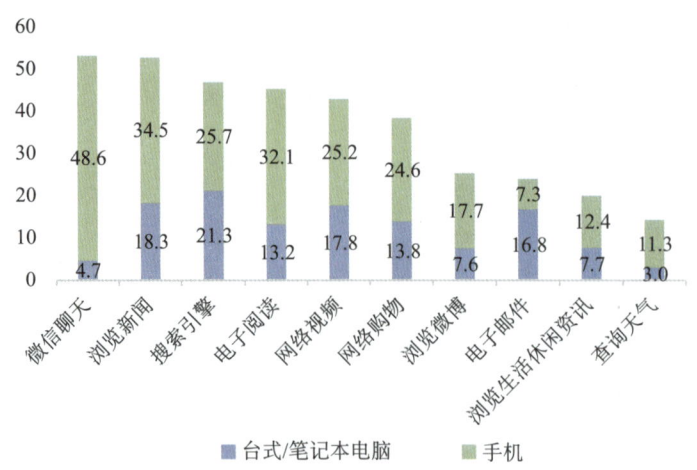

图 2-4-5　2017 年中国城市居民在不同终端的应用功能比较（%）

数据来源：CNRS-TGI 中国城市居民调查 2017 年 60 城市。

现了在移动端、网页端、智能电视终端探索媒体融合，以内容为优势，通过网络技术不断提高用户体验，打造年轻化的电视品牌。互联网的发展同样为广播和平面媒体带来了机遇与挑战。网络广播、电子阅读、两微一端等方式已经普及，传统媒体以新面目出现，发挥优质内容的优势，并通过互联网建立与受众的连接，产生有意义的互动，突破传统媒体与新型媒体的边界，是媒体融合现阶段的重要课题。

二、电视引领传统媒体内容转型

1. 电视媒体日到达率下滑有所放缓

电视媒体依旧呈现下滑趋势。2017 年，电视的日到达率下降至 67.4%，日均接触时间下降至 99 分钟，其日到达率相比 2016 年的 70.5%，下降了 3.1% 个百分点，下滑幅度相比 2014—2016 年间有所放缓。电视媒体的日到达率在 30—39 岁的居民中有所回归，是自 2013 年起的首次回升；而在 40—49 岁年龄段的城市居民中，电视媒体的日到达率下滑幅度明显。见图 2-4-6、图 2-4-7。

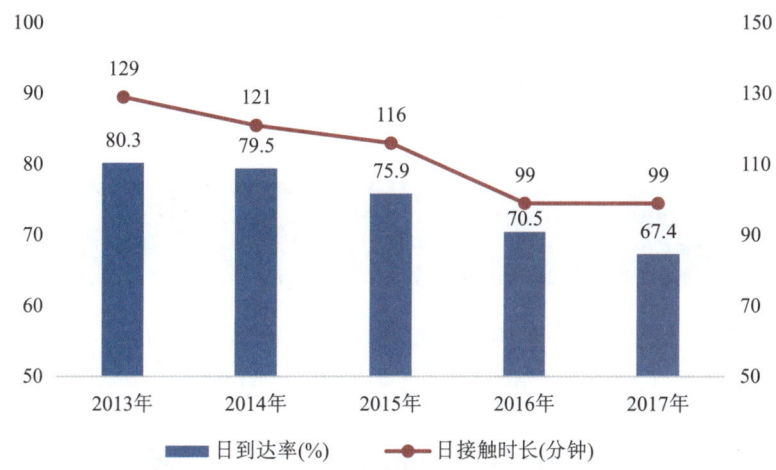

图 2-4-6　2013—2017 年电视在城市居民总体中的日到达率及日均接触时长

数据来源：CNRS-TGI 中国城市居民调查 2013—2017 年 60 城市。

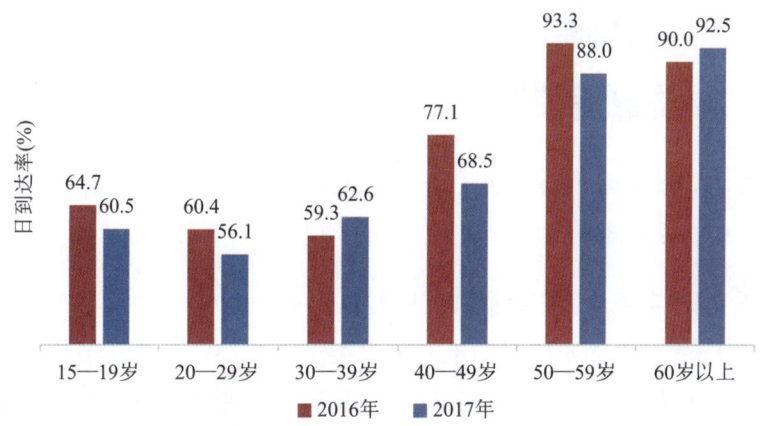

图 2-4-7　2016—2017 年电视在各年龄段城市居民总体中的日到达率

数据来源：CNRS-TGI 中国城市居民调查 2016—2017 年 60 城市。

2. 电视仍是最受信任的媒体

在社会化媒体盛行的时候，电视的公信力依然得到居民的高度认可，被城市居民认为是具有权威性（81.9%）、可信赖（80.5%）和负责任（78.3%）的媒体。媒体公信力对于广告播出后购买行为也产生了直接的影响。24.6% 的居民认同"电视媒体广告品牌会增加我的购买意向",为传统媒体之最,是第二名报纸媒体的2倍(12.3%)。电视媒体依然是最能带动购买行为的传统媒体。见图2-4-8、图2-4-9。

图2-4-8 2017年电视媒体质化属性赞同比例

数据来源:CNRS-TGI中国城市居民调查2017年60城市。

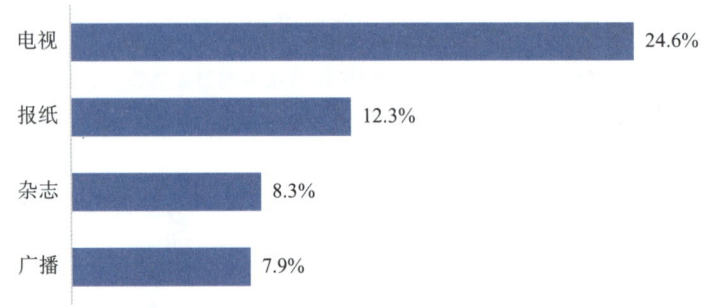

图2-4-9 赞同"在这个媒体打广告的品牌,会增加我的购买意向"的比例

数据来源:CNRS-TGI中国城市居民调查2017年60城市。

3. 国产电视剧回归,受到全民喜爱

2017年观众经常收看的电视节目类型结构稳定。专题节目(如财经节目,科技节目)与新闻节目的内容优质,专业性强,为观众最经常收看的电视节目。2017年是国产电视剧的丰收年,制作精良的国产电视剧层出不穷,《人民的名义》、《白鹿原》、《我的前半生》等屡创收视高峰,引起全民热议,可谓名利双收。随之带来的便是受众对于国产电视剧的收看比例上升,2017年经常收看内地电视剧的观众比例达到46.0%,比2016年的32.8%高出13.2个百分点,带动国产电视剧收视浪潮的回归。见图2-4-10、图2-4-11。

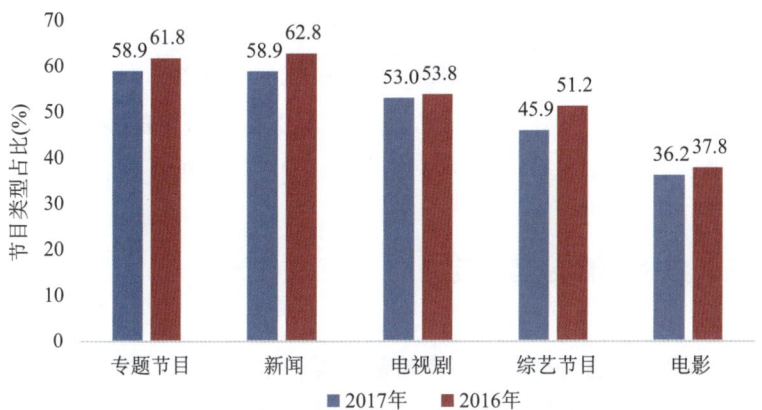

图 2-4-10　2016—2017 年最经常收看的电视节目类型占比

数据来源：CNRS-TGI 中国城市居民调查 2016—2017 年 60 城市。

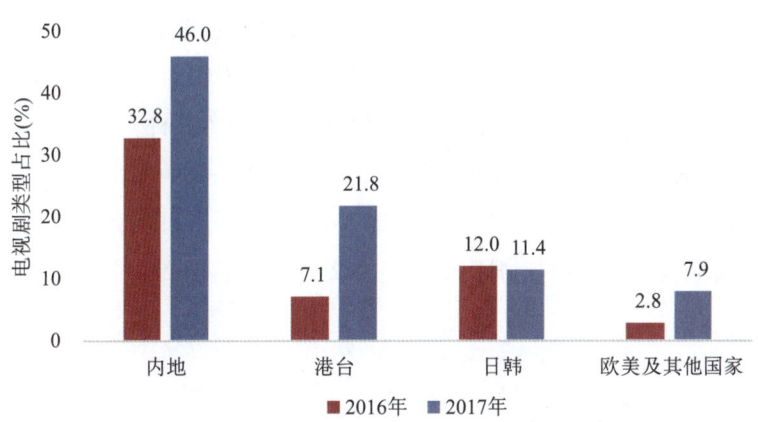

图 2-4-11　2016—2017 年最经常收看的电视剧类型占比

数据来源：CNRS-TGI 中国城市居民调查 2016—2017 年 60 城市。

4. 精品电视综艺节目推动社会文化传播

回顾 2017 年的电视综艺市场，文化类综艺节目表现突出。如由中央电视台制作的《国家宝藏》，将综艺结合纪录片向观众传递文物知识，亲和的表现形式拉近了观众与文物之间的距离，收获了一批高素质的观众。同样，黑龙江卫视推出的《见信如面》节目，以朗读书信的形式传递情感，节目一经播出便引起热烈反响。

不同于网络综艺大面积地着重全民娱乐性,电视综艺在娱乐大众的同时还肩负着传播正能量的使命。如《国家宝藏》、《朗读者》等文化类综艺节目反响良好,吸引了大量高素质、高水平的观众,预示着文化类节目正逐步完善并形成趋势,文化类节目的表现值得期待。

三、广播媒体趋势稳定

1. 广播媒体趋势稳定,下滑趋势减缓

相较其他传统媒体而言,广播媒体在面临互联网冲击时表现较为稳定,广播媒体于2014年取得较大上升,而后从2015年起开始呈现微弱下滑趋势,下滑趋势于2017年减缓,相较于2016年,广播媒体日到达率只下降0.2%,较为稳定。在到达率相对稳定的同时,听众花在广播上的时间却在减少。CNRS的数据显示,2013年时听众花在广播上的日均接触时长为17分钟,该数字在2017年为7分钟,降幅明显。

在广播媒体到达率下滑的趋势下,广播在20—29岁的年轻听众群中的到达率却有所回升,2013—2017年20—29岁听众群的到达率在2016年下降后呈现了缓慢的上升态势。见图2-4-12、图2-4-13。

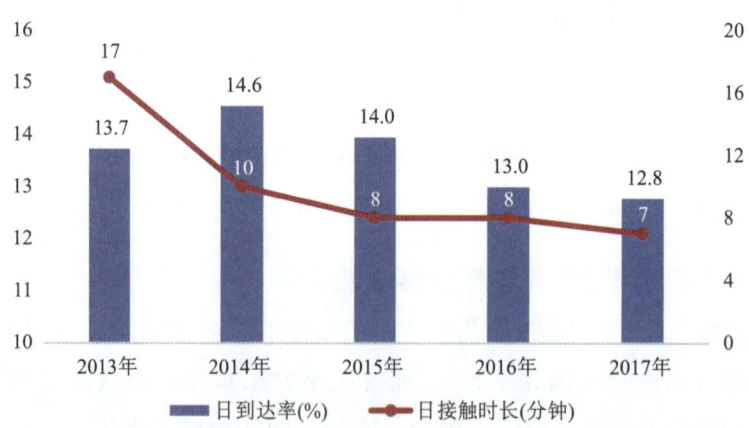

图2-4-12 2013—2017年广播在城市居民总体中的日到达率及日均使用时长

数据来源:CNRS-TGI中国城市居民调查2013—2017年60城市。

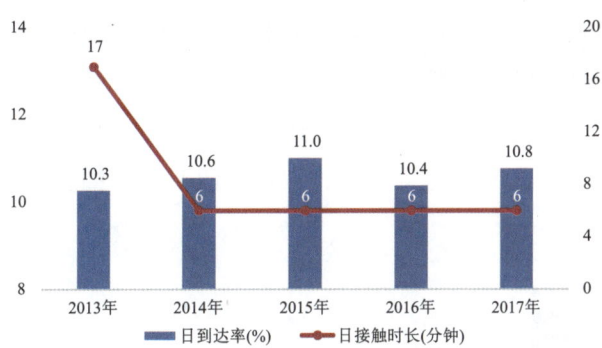

图 2-4-13　2013—2017 年广播在 20—29 岁城市居民中的日到达率及日均使用时长

数据来源：CNRS-TGI 中国城市居民调查 2013—2017 年 60 城市。

2. 与多种收听场景逐渐融合

与总体的到达率、收听时长的下滑趋势相反的是，广播媒体在各个收听场景的出现率逐渐增加。一方面来说，广播媒体作为典型的伴随媒体，随着汽车保有量的稳步提升，在私家车、出租车等出行场景的比例上升。另一方面，广播收听形式与节目内容的多样化，使得在家收听广播的比例也有所提高，广播正在兼容适应更多的收听场景。见图 2-4-14。

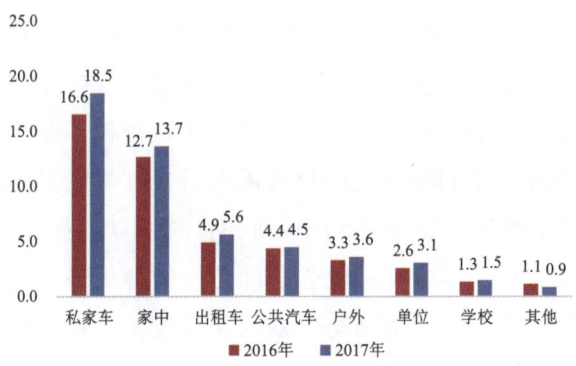

图 2-4-14　2016—2017 年广播收听场景占比（%）

数据来源：CNRS-TGI 中国城市居民调查 2016—2017 年 60 城市。

3. 音乐类、新闻类和交通类节目继续受到大众喜爱

音乐广播和新闻广播是两大最受听众欢迎的广播类型，经常收听音乐广播和新闻广播的听众分别达到 21.4% 和 16.9%，而交通广播由于实时通报交通路况的信息特点，在最常收听的广播类型中居于第三位。见图 2–4–15。

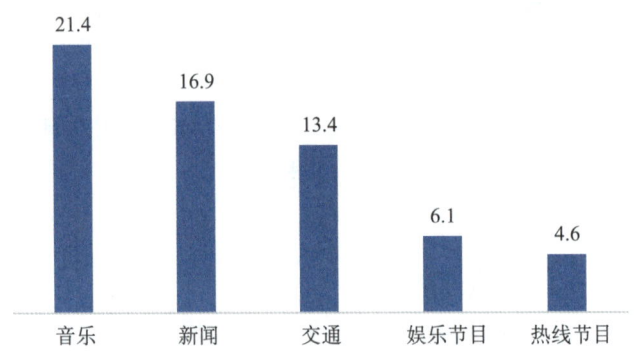

图 2–4–15　2017 年中国城市居民经常收听广播类型占比（%）

数据来源：CNRS–TGI 中国城市居民调查 2017 年 60 城市。

4. 移动端广播势头强劲

移动端音频的发展为互联网广播市场也带来了好彩头，手机端俨然已经成为最重要的收听平台。至 2017 年底，互联网广播到达率上升至 25.6%，比 2016 年高出 7.4 个百分点。在 20—49 岁的城市居民人群中到达率增长最为迅速，是最具增长潜力的听众群体。

2017 年是移动音频产品爆发的一年，用户规模不断增长。移动音频满足了用户碎片化和场景化的收听需求后，也养成了用户的移动收听习惯。移动音频市场的成功给予互联网广播市场新的启发，相较于其他传统媒体，广播具有互动性强、即时性强的优势。如何挖掘并适应不同场景和收听群体，加强与听众的深度连接，是互联网时代广播媒体探索的方向。见图 2–4–16。

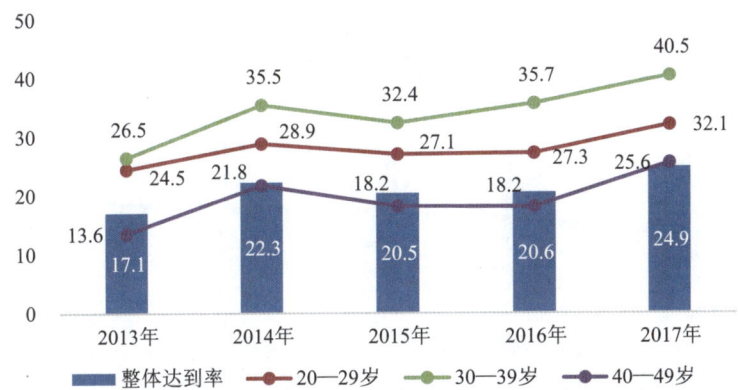

图 2-4-16　2013—2017 年中国城市居民互联网广播到达率（%）

数据来源：CTR 中国城市居民调查 2013—2017 年 60 城市。

四、场景优势与技术优势合力打造新户外媒体

1. 户外媒体市场相对稳定，低线城市更具潜力

户外媒体的发展相对稳定，从 2013 年到 2017 年，到达率始终保持在 84% 左右，波动不足 1%。户外媒体与城市经济发展水平有着密切的关系，其到达率与经济水平呈正向关系。一二三线城市的户外媒体到达率在 80% 以上，一线城市甚至达到 90% 的高饱和水平。而到 2017 年底，四线城市的户外媒体到达率不足 70%，与一线城市的差距高达 20 多数据，个百分点。在高到达率的一二三线城市出现下滑迹象的同时，四线城市在五年间稳定地提升了 6 个百分点，势头良好。户外媒体市场开始向低线城市下沉。见图 2-4-17。

2. 交通出行类户外媒体受到青睐

户外媒体的三大类：电子大屏类、液晶电视类和交通出行类均在 2017 年日均触达到一半以上的城市居民，电子大屏类和液晶电视类户外媒体在近两年的发展趋势较为波动，公交出行类媒体的发展相对稳定。

城市交通是承接居民工作与家庭生活的重要纽带，在居民的日常

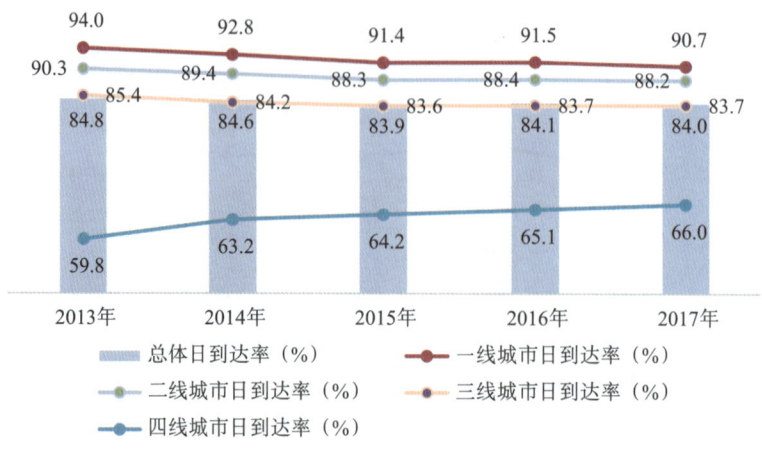

图 2-4-17　2013—2017 年中国城市居民户外媒体日到达率

数据来源：CNRS-TGI 中国城市居民调查 2013—2017 年 60 城市。

生活中占有重要的一席之地。在信息化社会中，人们的注意力无疑成为了稀缺资源。户外媒体普遍具有信息传递时间短的短板，而交通出行载体的封闭性，为户外媒体争取到了稳定的注意力资源。至 2017 年底，交通出行类媒体达到了 64.9% 的日到达率，比 2014 年增长了 5 个百分点。其中随着地铁系统的不断完善，地铁广告在五年间增长了近一倍，由 10.7% 增加至 22.9%。

交通出行类媒体在 2017 年也出现了更多新玩法，比如热播剧《三生三世十里桃花》在情人节打造桃花隧道和在地铁车厢还原剧中场景，为出行乘客带来了视觉享受，吸引大量乘客拍照。交通出行类媒体引起了越来越多商家与乘客的兴趣。见图 2-4-18、图 2-4-19。

3. 户外媒体技术升级

2017 年无疑是户外媒体大放异彩的一年，配合着互联网技术，户外媒体在呈现形式、传播效果上都迈上了一级新的台阶。户外媒体与数字技术继续整合，移动交互和大数据分析为人群的精准定位提供了强有力支持，并随之优化媒介策略，使受众对信息产生更加深刻的记忆。

不仅如此，科技也带来了户外媒体的互动升级、体验升级、创意

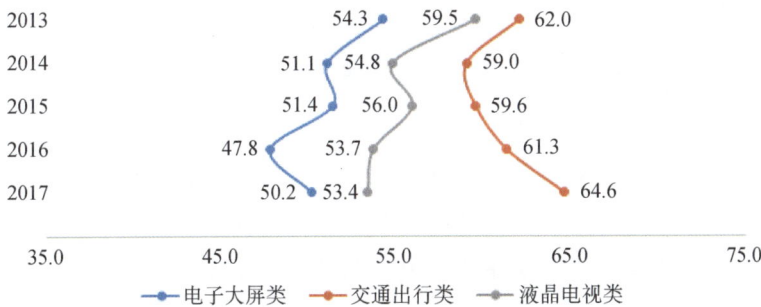

图 2-4-18　2013—2017 年中国城市居民三大类户外媒体日到达率（%）

数据来源：CNRS-TGI 中国城市居民调查 2013—2017 年 60 城市。

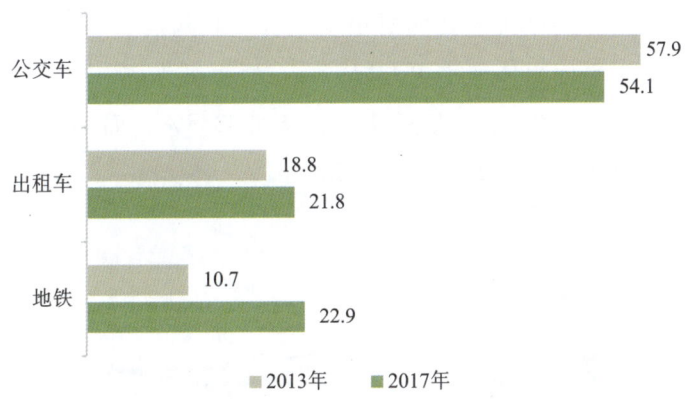

图 2-4-19　2013—2017 年中国城市居民交通出行类户外媒体日到达率（%）

数据来源：CNRS-TGI 中国城市居民调查 2013—2017 年 60 城市。

升级。比如老牌电视厂商 TCL 在北京大望路地铁隧道上打造的一场名为"蓝调人生"的互动体验，以光影动画的形式展示了几组生活场景，参与者通过场景体验，触发下一个情景，极大地促进了受众的体验感受，使户外媒体更具娱乐性。

户外媒体正逐渐从近接触的"眼球"媒体，过渡为"强感染"的体验媒体，一场科技与创意的擂台正在上演。通过数字技术与受众进行近距离的连接，以新颖的创意形式和呈现形式将受众带入强关联的场景中，户外媒体的未来让人拭目以待。

五、平面媒体借力互联网加快转型

1. 平面媒体到达率持续下降，高线城市更加明显

面对互联网冲击，平面媒体持续下滑，从2013年至2017年，报纸媒体和杂志媒体均呈现了下滑趋势，报纸媒体日到达率由49.6%跌至28.4%，杂志周到达率则由20.9%下降至12.9%，平面媒体转型迫在眉睫。

在平面媒体整体下滑的环境下，高线城市与低线城市的下滑幅度有所差距。当高线城市居民面对更多来自互联网信息爆炸的福利时，低线城市对于平面媒体似乎更友好一些。以报纸为例，2015—2017年间，四线城市的日到达率从37.1%下降到33.8%，而一线城市则由38.3%下降至26.9%。见图2-4-20、图2-4-21。

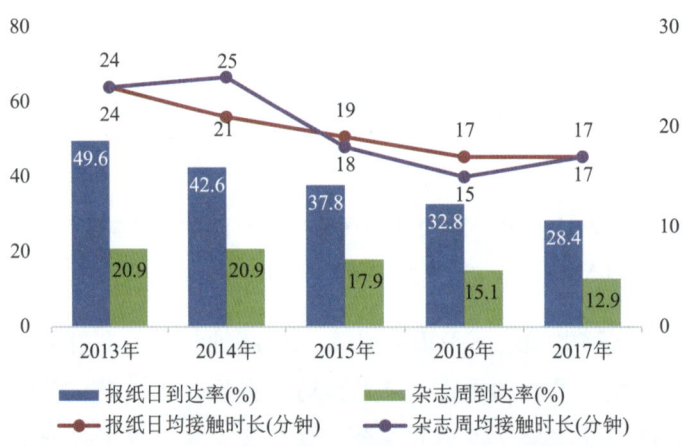

图2-4-20　2013—2017年中国城市居民平面媒体到达率（%）

数据来源：CNRS-TGI中国城市居民调查2015—2017年60城市

2. 优质内容是关键，杂志媒体阅读时长稳定提高

2017年对杂志媒体来说极为严苛，不少杂志在近年来陆续停刊，不过，在这场残酷的优胜劣汰中选择，反而使杂志的阅读时长有所回

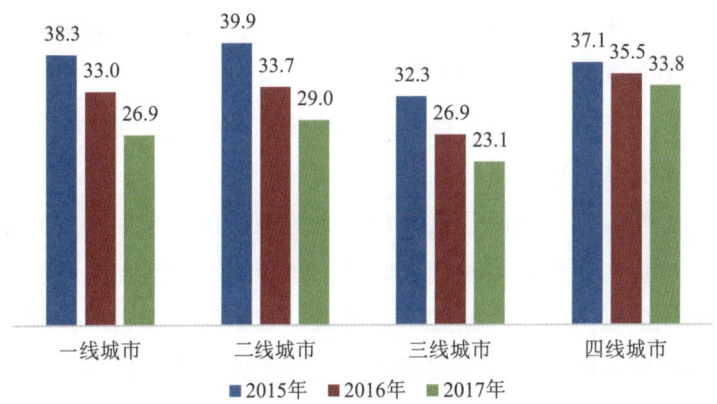

图 2-4-21　2015—2017 年中国城市居民报纸日到达率（%）

数据来源：CNRS-TGI 中国城市居民调查 2015—2017 年 60 城市。

升。根据 CNRS 统计，2017 年中国城镇居民家庭月总收入为 13845 元，杂志读者平均家庭月收入为 18093 元，比总体人群高出 30%，高收入、高学历是杂志读者的重要特征，杂志读者对内容质量的要求更为严苛。在面对读者群体收入和学历双高的压力下，适者生存，只有那些能提供最优质内容的纸质媒体，才有可能满足读者对于内容专业性和可读性的严格要求，在互联网环境下赢得一席之地。见图 2-4-22。

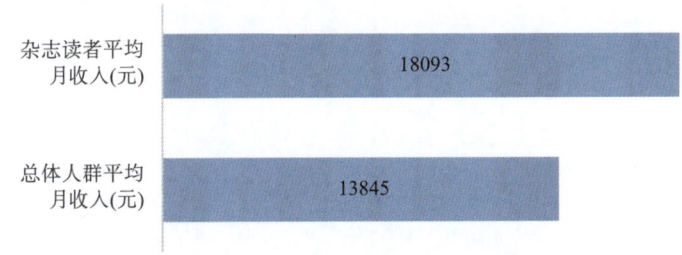

图 2-4-22　2017 年中国城市居民家庭平均月收入

数据来源：CNRS-TGI 中国城市居民调查 2017 年 60 城市。

3. 适应网络传播是平面媒体的重要课题

平面媒体曾经拥有着内容生产和信息传播主体的重要地位。随着新媒体的兴起，平面媒体内容生产和信息传播的壁垒逐渐瓦解，面临着媒体转型的挑战。在媒体融合的生态环境背景下，平面媒体与互联网的融合似乎起步最早，但却进展缓慢。增加媒体端口是最早的融合方式，但在人们阅读习惯已经碎片化的时代，单纯改变内容出口的融合方式似乎无法力挽狂澜。

平面媒体人有着高职业素养与专业知识，在内容生产方面有着得天独厚的优势。而新媒体时代人们对于内容的时效性与关联性高度关注，若将纸质媒体的内容原方不动地搬运到新媒体端口，这样的融合方式可能收效甚微。如何与互联网进行深度融合，将自身的专业素养与新媒体融合，因地制宜，应是平面媒体思考的问题。

综上所述，互联网在改变所有媒体的同时，也在改变受众的媒体接触行为。移动化、碎片化、社交化、场景化等成为受众接触媒体的新常态。媒体融合形成的融媒体是互联网环境下最适合受众的媒体形态，受众不是刻意放弃某种媒体，但脱离互联网的媒体一定会与受众渐行渐远。

（作者：姚林，央视市场研究资深研究顾问；冯锦，CTR 媒介与消费行为研究部）

2.5

移动端新闻类 APP 短视频形态用户需求研究

近年来，随着移动短视频在国内外的爆发式增长，移动端短视频市场的拼抢已经如火如荼，国内新闻 APP 也纷纷入局短视频。但如今国内各大新闻 APP 所推出的短视频时长特征、内容特征不尽相同。

本研究将从受众的角度，通过网络在线调研的方法，从移动新闻 APP 短视频的时长、视频资源浪费情况、用户对短视频的时长耐受性、用户对短视频内容偏好等方面研究受众对新闻短视频的需求。

研究发现，移动端短视频完整收看率较低，资源浪费严重，从受众偏好角度来看，短视频的最佳时长在 30 秒至 2 分钟，视频的前 40% 对视频的完整观看率甚为重要。此外，从表现形式来看，竖视频未来可能成为传播精品短故事的载体。

关键字：新闻 APP、短视频、时长、完整观看率

一、研究背景及目的

截至 2017 年 12 月，中国互联网网民规模达到 7.72 亿人，其中手机网民占比 97.5%。手机网络新闻用户达 6.2 亿户，手机网络视频用

户达 5.49 亿户[①]，可见，手机端视频新闻的发展有着良好的前景。而移动碎片化时代，催生出"短视频"这一新的视频形态。从 2015 年起，移动新闻短视频作为迎合用户新闻需求的新兴载体形式开始在国内兴起，2016 年，移动端新闻短视频成为移动端内容碎片化传播的风口、迎来迅猛增长。在国外，自从 2012 年美国 Now This 成为首个专业化短视频新闻生产传播平台以来，短视频新闻也已发展得如火如荼。

当前移动端新闻短视频已是各大新闻 APP 的必争战场，国内各大新闻 APP 所推出的短视频也各有特点，视频时长也不尽相同。如今日头条的短视频内容新闻性质较弱，时长多为 1—3 分钟；澎湃新闻的短视频多在 60 秒左右，具有较强的新闻性；腾讯新闻的短视频则多在几十秒至 2 分钟，或在 5 分钟。

以往研究对于新闻短视频的最佳时长说法不一。美国短视频模式成熟的 Now This，时长在 30—80 秒。而国内梨视频头条号 2016 年 11 月期间推送的 22 条短视频，平均时长为 167.5 秒。在该头条号播放量排在前 10 名的短视频中，平均时长为 124.8 秒。"皮尤研究中心早在 2012 年通过研究 YouTube 上的视频观看数据得出结论：最受欢迎的视频长度在 2.1 分钟左右。"路透研究院的一份报告显示"成功的离线视频新闻的一大特点是短，时长大多在 1 分钟以内"。

在碎片化传播的背景下，短视频本身虽已具有时长优势，但由于受众的注意力资源稀缺，短视频资源是否存在浪费、短视频的完整观看率仍是值得关注的问题。根据 Socialbakers 对用户在 Facebook 观看视频的完整度调查（即用户从头至尾完整地观看完一段视频），观看完成率排名前 25% 的视频，其长度均不超过 21 秒；20% 的用户会在观看视频前 10 秒后离开，33% 的用户会在 30 秒左右离开，45% 的会在 1 分钟后离开。

综上可知，以往对短视频时长等方面的研究结论均从视频生产端而

[①] 第 41 次中国互联网络发展状况统计报告，2018。

非受众端得出，短视频的最受欢迎时长、用户对视频的耐受时长等问题仍待研究。因而本研究主要通过调研来收集一手的受众数据，对移动端新闻 APP 推出的短视频新闻的用户需求进行挖掘，从受者角度论证新闻 APP 中的短视频合适的时长范围、用户对视频耐受时长等问题。

二、研究方法及执行

调研方法：移动新闻 APP 的渗透率高，用户面广，无特定的样本人群要求，因而本研究采用网络在线调研的方式进行。

样本条件：本次调研主要在新闻 APP 的使用者中展开，样本条件为最近一周使用过移动新闻 APP 且在新闻 APP 中观看过短视频的用户。

执行时间及样本量：调研执行共计 5 天，总样本量 3204 人。

三、主要研究结果分析与讨论

本研究主要结果及其分析与讨论从移动新闻 APP 的用户使用习惯及使用偏好两方面进行展开。

1. 移动新闻 APP 用户粘性高，家庭是最常见的使用场景

在所有移动新闻 APP 的用户中，大部分用户的使用粘性较高，有 63.3% 的移动新闻 APP 用户每天都会使用 APP，且有 19.5% 的用户是重度用户，每天至少使用新闻 APP 5 次以上。但用户中，也有 33% 是兴趣驱使，即只有看到感兴趣的新闻时才会使用移动新闻 APP。

用户最常使用移动新闻 APP 的场景是"家庭"，从调研结果可知，有超过六成（61.9%）的用户会在家赋闲时使用 APP 浏览新闻，而其他场景中，午饭休闲时间也是用户使用率较高的场景（41.0%）。其他场景中，用户在与工作和上学相关的场景中（通勤/上下学路上以及上班/上学的间隙）使用移动新闻 APP 相对较多，而其他休闲场景下的使用率相对较低。见图2-5-1。

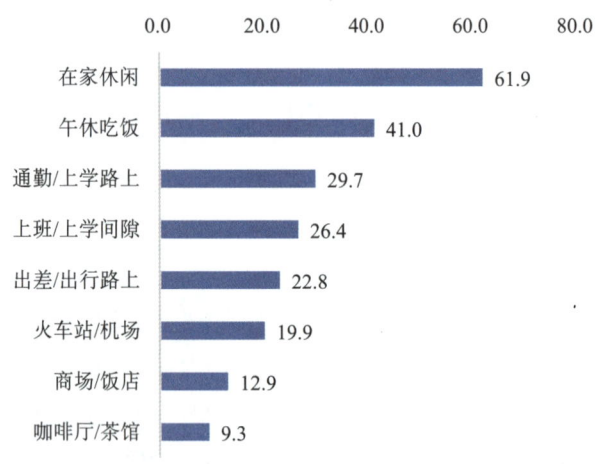

图2-5-1 用户使用移动新闻APP的场景（%）

数据来源：CTR网络在线调查。

与场景相对应的是用户的使用时间，用户在晚上19—22点的新闻APP使用率最高，达到43.8%，从全天分时段用户使用率的曲线可见，午间、晚间的用户注意力需重点吸引。

图2-5-2 用户使用移动新闻APP的时间（%）

数据来源：CTR网络在线调查。

2. 新闻短视频资源浪费严重,"内容无聊"和"被打断"是用户流失主因

从用户每次使用移动新闻 APP 的时长来看,36.8% 的用户每次使用 5—10 分钟,而近似比例(36.4%)的用户每次使用 10—20 分钟。

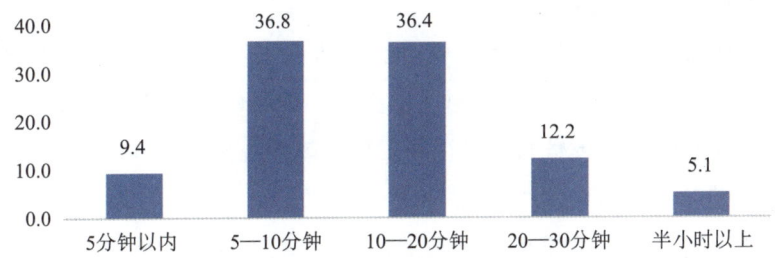

图 2-5-3 用户单次使用移动新闻 APP 的时长(%)

数据来源:CTR 网络在线调查。

从上述结果来看,7 成以上的用户单次使用移动新闻 APP 的时长在 5—20 分钟,这一时长高于绝大多数新闻 APP 短视频的时长。然而新闻短视频资源浪费严重,有 24.8% 的用户完整看完的视频不足 20%,有 27.4% 的用户只看了 30—40% 的新闻短视频,20.9% 的用户看了 50% 的视频,而将大部分短视频(60% 及以上)都看完的用户占比还不到三成(27%)。由此可见,新闻短视频的资源浪费严重。见图 2-5-4。

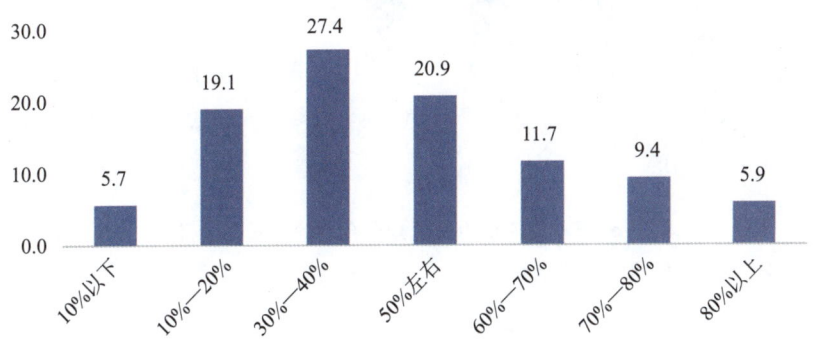

图 2-5-4 用户完整看完新闻短视频的比例(%)

数据来源:CTR 网络在线调查。

从原因来看,"内容无聊"是用户未完整观看短视频的最主要原因,有40.9%的用户没有完整看完一段短视频与此有关。但同时,"被打断"也是用户未完整观看短视频的重要因素(40.1%)。

3. 新闻短视频时长在 30 秒至 2 分钟为佳,视频的前 40% 是影响视频完整观看率的关键

以往对成熟短视频平台视频时长的研究表明,短视频普遍分布在 30—80 秒,平均时长为 72.5 秒(谢少平、陈灵娇,2017)[①],而有学者通过研究梨视频头条号的热播视频发现,热播视频的平均时长为 124.8 秒(王佳航、张婧琪,2017)。[②]

通过调研用户对短视频时长的偏好发现,有近 6 成(56.7%)的受众认为 30 秒至 2 分钟是较为合适的新闻短视频时长。而通过加权计算可知,新闻短视频的最佳时长约为 129 秒。因而,从用户偏好的角度来看,短视频时长不宜过长,通常应控制在 30 秒至 2 分钟,内容较为丰富精彩的短视频可控制在 3 分钟以内,超过 3 分钟的短视频,从时长角度来看,难以被用户接纳。见图 2－5－5。

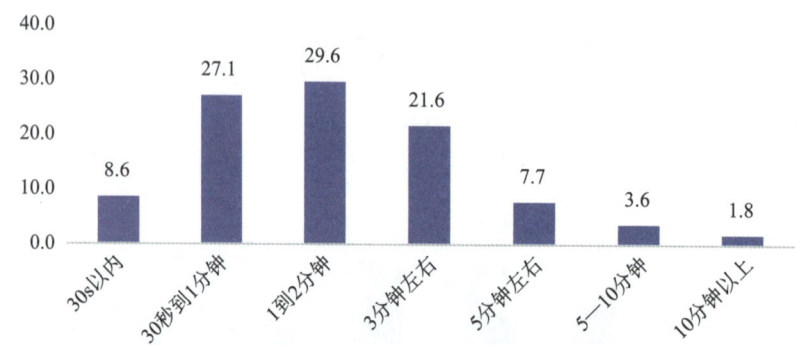

图 2－5－5 用户认为短视频最合适的时长范围(%)

数据来源:CTR 网络在线调查。

---

① 谢少平,陈灵娇. NowThis 短视频新闻的精品化策略浅析[J]. 新媒体研究,2017,3(9):106-107.

② 王佳航,张婧琪. 用户时间碎片化背景下的新闻类短视频制播策略[J]. 中国传媒科技,2017(1).

当前新闻短视频的完整观看率较低，资源浪费严重，因而在此处将针对用户对新闻短视频的耐受力进行剖析，即用户会在哪一个时间节点决定看完或者放弃观看这段视频。以往研究通过对用户在 Facebook 观看视频的完整度的调查显示，20% 的用户会在观看视频前 10 秒后离开，33% 的用户会在 30 秒左右离开（常江，徐帅，2017）①。从本次调研结果可知，有 43.7% 的用户会在视频播放 10%—30% 时决定是否完整观看视频。

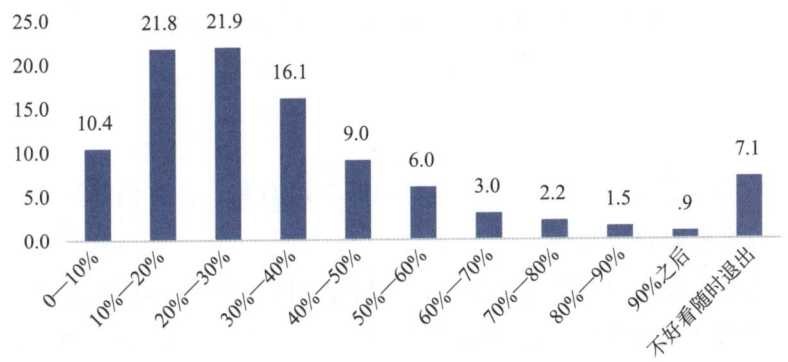

图 2-5-6　用户通常在视频播放多长时间以内决定是否看完视频（%）

数据来源：CTR 网络在线调查。

从图 2-5-7 累计百分比结果来看，有 54.1% 的用户会在视频的前 30% 决定是否完整观看视频，而超过 7 成（70.2%）的用户会在视频的前 40% 决定是否完整观看视频。而从结果也见，视频播放 40% 以上，播放比例越大，用户中途退出的比例增量越小。由此可知，新闻短视频的前 40% 是最为关键的部分，如果视频时长在 1 分钟左右，那么前 24 秒是决定视频完整观看率的关键，如果视频时长为 2 分钟，那么前 48 秒视频的精彩程度则能直接影响用户的完整观看率。见图 2-5-7。

---

① 常江，徐帅. 短视频新闻：从事实导向到体验导向 [J]. 青年记者，2017（21）：20-22.

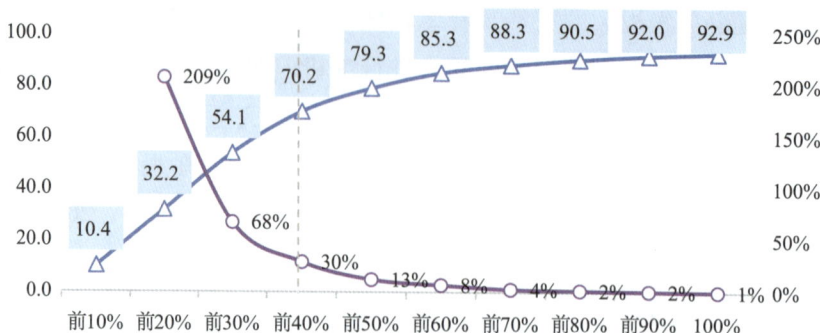

图2-5-7 用户通常在视频播放多长时间以内决定
是否看完视频（累计百分比）（%）

数据来源：CTR网络在线调查。

4. 用户最喜欢看社会民生类新闻和本地新闻，男性偏好财经与科技，女性爱看娱乐八卦

从短视频的内容类型来看，移动新闻APP用户整体喜欢看社会民生类视频（34.8%）和本地新闻（30.7%），此外，财经（30.2%）、搞笑（29.7%）、娱乐八卦类（28.2%）视频的用户喜爱度也较高。从不同的人群偏好来看，男性对财经新闻和科技类新闻较为关注，而女性则更关注娱乐八卦和美食。见图2-5-1。

表2-5-1 不同类型用户对短视频内容类型偏好Top5

男性		女性	
财经	34.2%	娱乐八卦	39.4%
社会民生	33.7%	社会民生	36.6%
科技	33.7%	美食	34.0%
本地新闻	29.7%	本地新闻	32.1%
搞笑	29.4%	搞笑	30.2%

数据来源：CTR网络在线调查。

5. 用户对竖视频接受度高达89.4%，竖视频更适合打造精品短故事

此外，当前美拍、快手、抖音等短视频APP的发展，为新闻APP

也提供了新的新闻短视频形式——竖视频。2016年，BBC的新闻APP率先尝试了每日推出7个竖视频（Story of the day），通过每日推送精品竖视频，为受众带来更适合竖屏观看的新闻故事，收到了良好的效果，这也是新闻APP短视频新形式的大胆尝试。本次调研也对受众对竖视频的接受程度进行了调研，从调研结果可知，有66.4%的受众观看过竖视频，竖视频的普及率尚有提升空间。

而通过调研可知，用户对新闻APP中推出竖视频的接受度较高，有50.8%（非常接受+比较接受）的被访者对新闻APP中推出竖视频的响应积极，而有38.6%的被访者对竖视频并不反感、认为可以接受，由此来看，新闻竖视频的用户接受度达到89.4%，仅有10.6%的用户对新闻竖视频较为抵触。

问及用户接受竖视频的原因，有33.0%的被访者认为竖视频"展示的内容更为聚焦，更适合讲故事"，有22.8%的用户认为竖视频的传播形式与短视频的传播时长更为契合。而调研结果也显示，用户的个人阅读习惯与手机使用习惯并不是决定用户是否接受竖视频的最主要原因。

与此同时，竖视频需要尽量克服拍摄角度受限的问题，在不接受竖视频新闻的被访者中，有33.5%认为竖视频"拍摄场景角度受限，看着别扭"，因而竖视频不适合拍摄大场景的画面，更适合拍摄小角度、单一场景的画面。

以上结果说明，新闻APP未来可尝试推出竖视频形式的短视频，而竖视频则应当更加注重内容的故事性，并结合短视频合适的传播时长，通过竖视频打造内容更为聚焦的精品短故事。

四、结论与建议

1. 重点短视频主推晚间及中午休息时段

用户使用新闻APP的时段和场景主要是晚间在家以及中午休息时

段,除强调时效性的新闻外,新闻 APP 可将重点内容及短视频在晚间及中午时段推出,迎合受众使用习惯,从而抢占市场。

2. 新闻短视频时长尽量控制在 30 秒至 2 分钟,重点内容要素在视频前 40% 铺设清楚

新闻短视频时长不宜过长,超过 3 分钟的短视频难以被用户接纳。从调研结果来看,30 秒至 2 分钟是大部分用户可接受的短视频时长,而内容非常饱满的短视频可延长至 3 分钟。鉴于当前短视频资源浪费严重,为提高完看率,一段视频的重点要素须在视频的前 40% 铺设清楚,便可抓住七成用户的眼球;若视频前 40% 未能将重点内容加以呈现,则会大大增加一段视频的用户流失。

3. 聚焦社会民生与本地新闻,男性多推送科技与财经,女性多推送娱乐八卦

社会民生与本地新闻是受众最喜欢看的短视频内容,同时,男性相对偏好科技与财经,女性相对偏好娱乐八卦,因而在进行内容推送时,可根据用户地域、性别的差异,个性化推送内容。

4. 通过竖视频打造小视角的精品短视频故事未来大有可期

用户对竖视频的接受度高,认为竖视频的优势在于内容聚焦,适合讲故事。因而未来新闻 APP 可尝试推出竖视频短故事来提高用户粘性,但须注重视频的精品性与故事的精彩性。

参考文献

[1] 谢少平,陈灵娇. NowThis 短视频新闻的精品化策略浅析[J]. 新媒体研究,2017,3(9):106-107.

[2] 王佳航,张婧琪. 用户时间碎片化背景下的新闻类短视频制播策略[J]. 中国传媒科技,2017(1).

[3] 常江,徐帅. 短视频新闻:从事实导向到体验导向[J]. 青年记者,2017(21):20-22.

[4] 肖梦旋,王亿本.新闻资讯短视频的发展研究——以"梨视频"为例[J].新闻研究导刊,2017,8(8):38-40.

(本文作者:孟月,央视市场研究个案集群)

第 3 编　中国广告及营销市场趋势

全量营销：融合世界的视角

一、2018 年上半年广告市场概况

中国广告市场在 2018 年上半年出现结构性的调整，全媒体广告刊例收入同比上涨 9.3%。从目前的趋势看，与 2017 年同期相比广告市场稳中有升。

但是，不同媒体的发展状况表现不一，CTR 媒介智讯的数据显示，电视媒体广告营销刊例收入同比上涨 9.3%，户外生活圈媒体保持增长趋势，电梯电视、电梯海报、影院视频媒体与 2017 年同期相比花费增幅进一步扩大，互联网广告在 2018 年上半年涨幅回落，但依旧保持着增长的态势。整体来看，电视、户外、互联网广告收入的增长，支撑着整个广告市场蓬勃向上的趋势。见图 3-1-1。

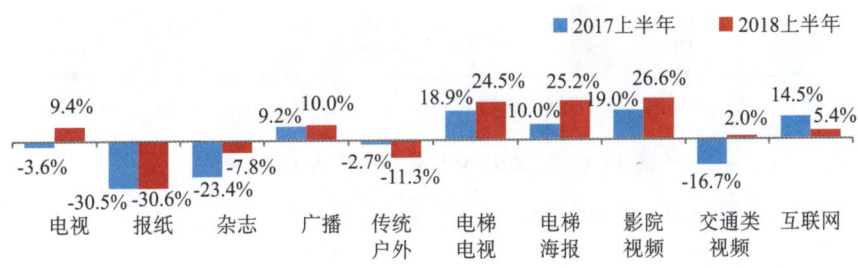

图 3-1-1　2018 上半年各媒介广告刊例收入同比变化

数据来源：CTR 媒介智讯。

从 CTR 的广告主营销调查的数据看，在过去这些年起起伏伏的趋势中，2017 年和往年不太一样，保持投入的广告主的比例最高，达到 46%。而 2018 年增加预算和保持预算的广告主比例达到相对持平的状态，为 43%，也就是希望增加投入以及希望保持投入的广告主的比例基本上是一致的。这些数据表明，在 2018 年年初进行广告主营销趋势调研的时候，广告主对 2018 年的趋势保持乐观态度，也正是这样的态度，推动着 2018 年上半年广告市场有较好的表现。

此外，CTR 广告主调查中还呈现出，广告主在各种营销预算上都有所投入，在多种营销方式上更倾向于时效方面的协同，在多种营销方式上增加预算的比例还是较高的。其中，硬广增加预算的广告主比例占 31%，软广占 46%，公关宣传占 48%，终端推广占 64%。

在营销费用的分配方面，对广告主调查的数据显示，2017 年广告主在全媒体的营销费用覆盖十分广泛。以新兴的 OTT 广告为例，广告主在 2015 年的选择投放 OTT 广告的比例只有 13%，而到了 2017 年已经达到了 21%。说明广告主十分愿意尝试新兴的、新模式的渠道，也十分容易接受新型的渠道。广告主在拿到营销预算的时候，实际上是在多个媒体间、多个营销渠道间进行组合分配。随着媒体类型的增多，其费用分配的分散性在逐渐加强。见图 3-1-2。

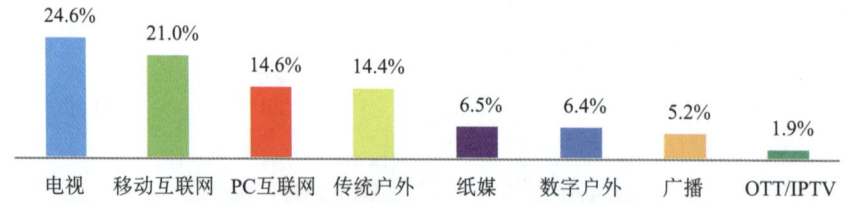

图 3-1-2　2017 年广告主的广告预算分配

数据来源：CTR：《2018 中国广告主营销趋势调查报告》。

CTR 媒介智讯的数据显示，2018 年上半年，全媒体广告花费前 50 名的厂商中，有 68% 的厂商选择投放的媒介数量在五个以上。也就是说，为了实现更全面的覆盖，这些头部的广告主中将近七成的广告主选择的媒介范围超过五种，一些广告主的投放范围甚至达到十多种媒介。从这个数据可以看出广告主在选择营销渠道和广告载体的时候，是多么的困扰，仅仅是从媒体类型来说就有如此多的选择，之后还要在媒体类型上选择不同媒体，复杂和纠结的程度可想而知。

二、营销，躲不过去的融合世界

广告主处在融合的市场营销世界里，不得不面对越来越丰富的媒体类型，也面临越来越丰富多样的营销选择。

如此复杂的营销环境与消费结构的变化有关。当前的消费者中既有追求品质、不看价格的高收入高消费人群，也有以拼多多为代表的五环外人群，还有关注瑞幸、持有中产态度、享受低价值服务并存的新中产。在目前的消费市场中，人群的分类较以往更为复杂，并不是仅仅只有高端和低端两类人群，其中还有大量的中端人群有着其独特的消费需求。

同时，媒体和营销的传播场景也十分复杂，消费者工作的不同场景，生活的不同场景，在做不同事情的场景，如家务事、公务事和游玩、休闲等所处的场景十分多样，媒体和营销者都希望可以尽可能多地覆盖消费者所处的场景。

此外，文化价值在今天的社会中也变得复杂多元。从最早的千人一面到千人千面，再到现在的一人千面，文化的多元化使得消费者在不同的时间、不同的场景所体现出来的特点都不一样。所述的这些变化构成了现今广告主必须面对复杂的营销世界。

在这个世界里，界定边界成为一件很难的事情，广告主会根据其营销目标来选择不同的媒介。比如广告主选择电视媒体的时候，所看重的是其覆盖能力和提升品牌形象的能力，选择广播的时候看重价格便宜，选择移动互联网的时候看重精准和互动性强，所有这些选择都是他们有自己营销目标的时候所做的选择。其实做这些选择的时候意味着他们也面临着如何去分配预算的困扰。

这些困扰所带来的问题,其实就是选择媒体时是各自为战还是协同冲击?市场已经非常的个性化,在这种情况下,想要进行规模化的营销,想要让营销的信息传达给大多数的人群时,广告主应该如何去选择?如何去判断?如何营销?我们或许需要换个角度来思考。

如果把省级卫视的月到达,套用一个互联网的词,可以叫月活。CSM2018 上半年的研究显示,在省级卫视月均单频道的到达观众规模中,排名一到五的卫视月活为 6 亿用户,排名六到十的卫视为 4.9 亿用户。而根据 QuestMobile 截至 2018 年 6 月的数据显示,微信的月活是 9.3 亿用户,今日头条是 2.08 亿用户,美团是 1.91 亿用户。为什么会形成这样的差距?其实很大程度在于怎么去看待这个市场。

三、全量营销 看待世界的另一个角度

为什么需要以全量营销的角度去看待现在的融合世界?因为我们面临的是一个媒体丰富的市场、消费者多样的市场、文化多元的市场,很多边界已经被打开了。从消费者角度去看待营销世界时,全量用户就是全量的目标,所有的营销活动应该是建立一个营销生态来覆盖全量的用户。

汉字"全"的释义包括了完备、整个、都、使不受损失。那么,回到全量营销,第一点,数字化是全量营销的基础。数字化首先实现了去边界化,而且数字化实际上是目前所做的促进营销效率层层优化的基础。互联网快速发展最大的特点是数字化,每一个人都有一个 ID 去管理,对于每一个人的认知、兴趣、购买和忠诚度都可以通过不断的管理和对行为的掌控来进行策略调整,来进行营销策略上的优化。所以在这个过程中,数字化是需要解决的第一个问题,因为在不同的数字化平台上是很难建立一个全量的概念的。

另外,不同的传播渠道、媒体类型、媒体内容是很难比较的,因

为他们在量化的颗粒度上是不一样的。前面提及的卫视月活 6 亿用户，是推及出来的结果，并不是每一个人的结果，而今日头条 2.08 亿用户的月活是每一个个体的结果，这两个数字化颗粒度是不一样的。也就是说，如果传统媒体要进入到现在的互联网营销生态里，最先解决的就是数字化的问题。只有有效的数字化才可以变成广告主去选择不断优化的那个营销生态中的一部分。不能有效地实现数字化，竞争力就会变得弱势，就会失去主动权，所以数据分散不是全量营销，广告主要进入全量营销的范围内，需要首先数字化。即使是数字化媒体，是不是全量也值得怀疑，因为数字化媒体在制造虚假流量方面更加方便，所以我们提到的全量，指的是不被损伤的全量。

第二点，量的问题。我们更多地认为建立全量关系就是不同量的加权。当我们的目标是客户和受众的时候，个性化的营销就要针对不同的目标人群展开的。在这个过程中，我们如何建立与目标人群更紧密的关系？个性化就是帮助我们和某一群人建立更紧密关系的渠道。

在品牌的营销过程里，与受众端建立认知以后，希望建立的就是忠诚，从购买到兴趣来形成忠诚。而内容是建立关系的手段，在内容和营销角度已经建立了一对一的关系。这一点的启示就是，如果仅是一个媒体经营者的时候，或者仅是一个代理机构的时候，原来可能只是把量进行整合就可以了，因为那个时候追求的是量的购买上的效率和便捷性；现在要针对不同的目标群体进行营销的时候，追求的是不同目标，也就是不同资源的不同价值。而在全量营销的时候，面对不同的渠道组合，需要中间商更多地提供具有附加值的服务，即帮助企业或品牌可以进行个性化定义的附加值的服务，这是内容和量之间的关系。

关系的最终目标是获得人心。这个世界已经是个体化，个性化回到个体。关系深度不一样获得的效果不一样，最终还是要读懂人心才能真正在营销上对不同的量价值进行管理。

第三点，全局描述，这一点必不可少，这更是从需求侧或者品牌侧考虑的问题。现在市场里有很多资源方都在说自己是全量数据，但是不是全量数据，是不是可以用于管理消费者的全链条的决策，实际上是要打一个问号的。

所有的大数据拥有者都是数据孤岛，他们都有多个对手让他们不能看到全局。但是这个全局是需要看清的。大数据可以更好地描述细节，而全局数据帮助大家看到不同细节之间的关系，而单独存在的细节是无法解释全局的。

没有竞品的数据也不是全量营销的数据。从品牌自身的角度出发，品牌有自己的第一方 DMP，是不是只看到自己的情况？在整个营销过程里，看到的依然不是全量数据。所以从这个角度看，第三方实际上是需要站在全局的角度帮助品牌主看到全局是什么。第三方的这个价值在短期内是难以被替代的。

第三方的价值其实也是由广告主需求来确认的。CTR 的《2018 中国广告主营销趋势调查报告》显示，80% 的广告主认同"对全媒体效果的评估能力是选择数字媒体和广告监测和效果评估服务商的重要依据"，64% 的广告主认同"企业未来希望将包括传统电视、互联网电视、PC 端视频、移动视频在内的全部主要视觉类媒体统一纳入评估体系进行预算分配"。因此，广告主需要的是"全和真"的针对全量数据或者全量用户的营销机会。

所以，应从全局视角发掘全量价值。在这个追求个性化和规模化的市场里，只有通过全量这个视角才能建立起和品牌主更一致的认知以及对全量客户更一致的描述。

市场也是在变化的。2018 上半年中国广告市场有 9.2% 的增量，这是相对于上年同期的洼地形成的。整个市场本来还是有相对平稳发展的倾向，但是某药酒风波、中美贸易战等突发情况，让市场发生了很大变化，很多经营者也越来越多地感受到压力。CTR 媒介智讯的广告数据显示，2018 年 7 月份传统媒体的广告刊例收入同比下降了 6.3%。所以，随着不确定性的增加，大家可能在变化的市场里需要保持一个处变不惊的心态，全量营销的概念或许能够帮助大家面对全量用户来思考营销问题。

万水流长风物秀，总有千溪归大江。CTR 希望以全量思维帮助客户更好地看待现在的媒体融合市场。

（本文作者：赵梅，央视市场研究总经理助理、CTR 媒介智讯总经理、CTR 媒体融合研究院执行副院长）

3.2 信心驱动未来
——中国广告市场及广告主营销趋势

2017年中国广告市场表现为先抑后扬，最终以4.3%的增幅收官。不少人会猜测，2018年的广告市场走势是否会延续2017年后半程的上扬态势。CTR媒介智讯根据对2018年第一季度广告市场以及广告主营销趋势的综合研究，认为中国广告市场会在一段时间内，整体上保持增长的状态。这主要是源于广告主的市场信心。

一、中国广告市场的大趋势

1. 广告市场整体趋势向好

CTR媒介智讯的数据显示，2018年第一季度整个广告市场刊例花费增量达到14.6%，呈现上扬趋势。这与前两年的走势不同，2016年第一季度广告刊例花费下降0.6%，2017年第一季度的广告市场降幅为2.5%。

这样向好的趋势并不是突然发生的。CTR媒介智讯的广告监测数据显示，从2016年初到2018年第一季度连续27个月刊例花费的增长曲线来看，虽然波动不大，但仍可看出广告市场在月度的推进下逐步上扬，尤其从2017年的六七月份开始，整个曲线一直向上延伸。见图

3-2-1。

图3-2-1 2016—2018年第一季度各月度增幅

数据来源：CTR媒介智讯。

从行业的角度看，对广告市场支撑较大的前五个行业分别是邮电通讯、药品、食品、饮料以及酒精类饮品，这些市场上活跃的行业对广告市场发展的贡献很大。2017年第一季度有十个行业的广告刊例花费呈现正增长，2018年第一季度达到了十三个，比2017年增加了三个行业。

从不同媒体来看，2018年第一季度电视媒体的广告刊例花费同比上涨16.5%，报纸杂志还是下降状态。与其对应是，电梯视频、电梯海报、互联网媒体等都有了正的增长。

2018年第一季度各媒体花费同比都有比较大幅的上升，这与2017年年初整个市场的大幅下降趋势有关，所以2018年同比的时候，会看到一个较大的增长比例。但实际上如果是从环比来看这个增长比例也没有同比所显示的两位数这么强劲。不过，2018年的广告市场同样有正增长，更多行业和品牌加入到投放的行列中，让我们整个市场趋势有向上的动力。见图3-2-2。

从移动端的广告来看，也有长足的发展。根据CTR媒介智讯的数据显示，资讯类的移动端承载了更多广告品牌，远远地排在第一位，品牌数量占比达到了69.7%，这都是市场向上蓬勃发展的表现。

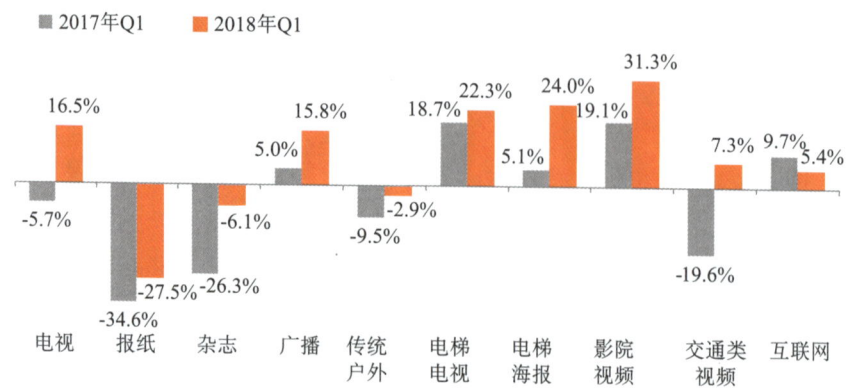

图3-2-2 2017与2018年第一季度各媒介广告刊例花费同比变化

数据来源：CTR媒介智讯。

2. 广告主的信心是市场增长的动力

根据CTR的《2018中国广告主营销趋势调查报告》，广告主的信心是市场增长的动力。无论是对国家还是行业发展的信心都达到了近几年来的峰值。

党的十九大报告高度关注实体经济的发展，支撑了广告主对市场的信心。实体经济在十九大报告里获得了充分肯定，实体经济对发展的期待更是拉动了大家对整个经济环境向好的期望。

2017年无论是无界营销，还是新零售，对整个营销市场都有很大的影响。这些营销方式让市场活力增加，让广告主对未来有更多的信心，也让企业看到未来的机会，在活跃的市场里面期待自己有更好的表现。所有这些都让我们看到整个市场信心在积极向上。

根据CTR的《2018中国广告主营销趋势调查报告》，2018年计划增加预算的广告主比例达到43%，高于2017年的水平。43%的广告主会保持2017年的营销预算水平。只有14%的广告主会降低营销预算。

在与广告主进行深入的探讨和研究后，我们发现广告主做出这样的调整大概有以下几个原因：

第一是在企业寻求增长的过程中，越来越意识到品牌对自己的重要性。在竞争复杂的环境中，寻求品牌突围，需要对市场营销的投入来进行保障。

第二是配合消费升级，整个市场的消费升级是确实存在的，在消费升级的过程里面推出新产品、新品类的时候，需要有营销投入来进行支撑。

第三是当市场变为一个碎片化的媒体市场时，有更多的渠道可以进行营销传播，每一个传播渠道的成本都在变大，整个营销投入就会增加。

在这三个因素影响下，广告主势必会倾向于增加他们的营销投入。而这样的营销投入在各个品类、各个行业里面是厚薄不均的，这与产业政策息息相关。比如药品、日化、房地产、家用电器倾向于增加营销预算。

同时，2018年广告主更多倾向于公关费用、中间商推广费用的增加。单一的媒体支撑很难达成营销目标，在一些复杂的环境里面需要复杂的应对措施。广告主更倾向于以协同的方式取得营销结果。所以在互联网、电视、户外三个渠道上，我们会看到多种营销方式向实效营销转变。并且企业规模越大，在传统媒体的投入越高，超大企业、大型企业的广告主对电视媒体的广告投放都非常大。当企业想做大品牌、大营销、大规模营销的话，传统媒体依然有不可替代的优势。

还有一个很重要的趋势就是移动互联网，近几年来移动互联网都呈现快速上升趋势。这与移动互联网丰富的广告类型息息相关。CTR的《2018中国广告主营销趋势调查报告》显示，广告主对移动视频贴片、信息流广告、主播等选择倾向都有大幅度的上升。

二、中国广告市场的正能量

1. 新消费的营销需求，推动广告市场的发展

广告市场向好的发展离不开市场的推动，而推动力首先就是消费者。消费者步入了新的消费阶段，整个社会进入到消费升级的环境。整个市场经济增长也从高速增长转到高质量发展的阶段。

国家统计局的数据显示，居民可支配收入相比2017年有一个百分点上升，恩格尔系数已降至29%，最终消费支出贡献率达到了58.8%，以内需拉动消费的状态也在逐步实现。

在这样的背景下，消费者的态度也在改变。CTR CNRS的数据显示，追求时尚潮流、饮食健康等的消费者占比在逐年上升，消费者在消费中更多地追求够潮、够健康、够高端。消费者的心态转变也与广告的带动息息相关。凯度消费者指数（在中国隶属于CTR）发布的数据显示，广告投放所带来的销售额平均占总销售额的4.5%。在广告的主要作用中，拉动新进消费者占了42%，其次是对现有消费者增加购买的带动达到33%，25%是防止现有消费者离开。广告对消费的稳定、带动、拉升的作用正是其存在的价值。见图3-2-3、图3-2-4。

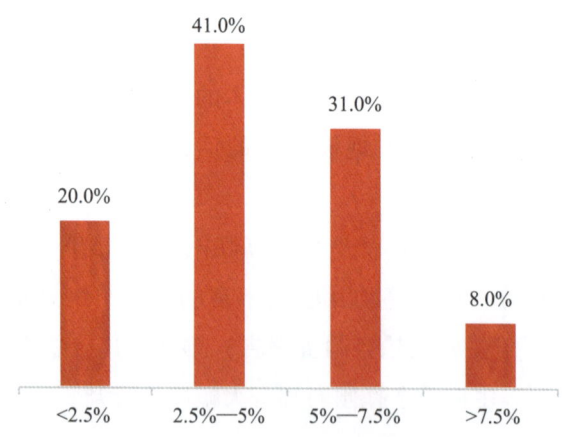

图3-2-3　广告投放销售额贡献占比

数据来源：凯度消费者指数。

第 3 编 中国广告及营销市场趋势

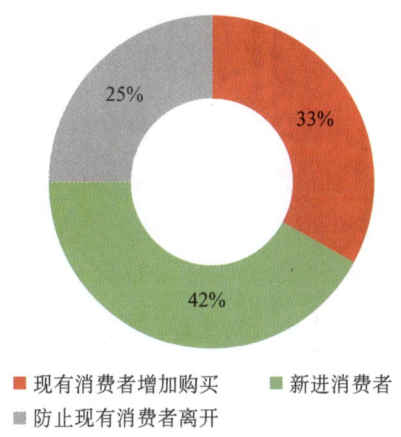

图 3-2-4 广告投放销售额贡献消费者占比

在这样的价值基础上，很多品牌有非常出色的表现。CTR 媒介智讯的数据显示，2017 年新上市的产品豆本豆，当年在省级卫视投放的广告花费占饮料行业的 8.7%，这一款产品的广告花费几乎和伊利品牌下 36 个产品的广告花费总和一样多。而其获得的销售业绩也相当可观，仅上市两个月销售额就达到了 2.13 亿元。所以，想打造新产品广告投放必不可少。

2. 品牌化媒体形成强大的头部化力量

整个广告市场的向好离不开不同媒体的贡献，品牌化媒体形成了强大的头部化力量。在 CTR 的《2018 中国广告主营销趋势调查报告》中有一个有趣的数据：当提及广告主以什么标准来选择媒体的时候，答案有三个：第一个是广告和受众的契合度，第二个是 ROI 性价比，第三个是媒体的形象和影响力。而媒体影响力这个选项在此前几年的调查中都排名较低。广告主此前觉得媒体形象无所谓，只要广告媒体的性价比还不错，根据竞争对手策略，经过创新的策划，选择任何媒体其实是差不多的。而 2018 年广告主会认为当其选择媒体的时候，媒体的形象和影响力变成了他们的第三选项，这和强化价值观是息息相关的。整个市场环境都呼唤媒体的正能量，以此来对品牌的正能量进行背书。

CTR 的一项受众调研数据显示，90.7%的消费者希望有客观可信的媒体帮助他们减少信息选择，这就是正向价值观存在的环境。在这样一个环境下，媒体品牌就是媒体形象和影响力的基础，媒体本身所拥有的有价值的 IP 就是打造媒体品牌的基础。好节目、好内容帮助形成好的媒体品牌。而好的媒体品牌更会成为广告主更优先选择的媒体。

　　根据 CTR 的研究显示，中央台推广的国家品牌计划，不仅对品牌主进行了传播赋能，也使中央台对 2017 年电视广告刊例花费的增长贡献了 2.8 个百分点。

　　高价值的平台继续加大了市场的头部力量。除了中央台之外，北京卫视、湖南卫视、东方卫视、浙江卫视以及江苏卫视的整体创新能力也加大了和竞争对手之间的差距。CTR 媒介智讯的数据显示，五大卫视新综艺的数量在 2015 年占比达到 43%，2016 年达到 45%，2017 年达到 55%。也就是说，2017 年市场上 100 个全新的综艺中，有 55 个来自于这五大卫视。这样的一个创新能力，自然带来了很好的收视表现。CSM 的数据显示，2017 年五大卫视的收视份额集中度占到整个卫视集团的 49%。

　　同时五大卫视并没有仅仅停留在自身已有平台的影响，他们通过各种内容 IP 的外围合作，突破电视媒体的圈层来不断扩大自身的影响力，无论是和其他节目公司的合作，还是内容方的合作，都不仅仅停留在电视本身。例如，东方卫视联合易居中国、新浪微博共同出品的《我们在行动》，将公益扶贫、O2O 销售模式进行了结合，形成了市场与口碑的双赢。

　　以分众为代表的场景媒介，也有非常强大的吸金能力。CTR 媒介智讯的数据显示，2017 年电梯海报广告刊例花费上升了 18.8%，电梯电视上升了 20.4%，影院视频上升了 25.5%。同时，场景媒介吸引了越来越多的广告主加入这个媒体使用者的行列。例如，电梯海报的新品牌的数量增长达到 2427 个。正是这样的一些品牌化的媒体形成了拉动整个广告市场向上的力量。

三、中国广告市场的小而美

1. OTT 广告的小规模或将撬动大潜力

CTR 的《2018 中国广告主营销趋势调查报告》显示，2017 年 OTT 在全媒体预算中的占比只有 1.9%，而 2018 年达到了 2.8%。2017 年 OTT 广告市场收入已经达到了 23 亿元，前一年是 10 亿元。广告主选择 OTT 投放广告的原因，第一个就是日益广泛的投放范围，受众规模增多，其次是提升曝光率。越来越多的广告主期待加入到这种实用新型电视广告投放的行列。不过，缺乏客观的评估数据成为阻止广告主加入 OTT 广告投放的一大问题，CTR 希望在这一方面能够给市场更多的贡献、更多的支撑。

2. 社区，下一轮营销增长的连接点

另外很小的一个部分就是社区。虽然这个点确实很小，我们只是观察到在整个基于社区的范围里面会存在 4 个社区场景以及 14 个媒体类型的广告。社区的未来价值是连接和联动，连接了我们的消费者和我们周边所有相关的媒体，联动了所有的参与者。广告不再仅仅是广告，未来的想象空间很大，我们从一个沟通场景到另一个交易场景的想象力是不是会很快地来到社区，如何与社区媒体互动可能是我们需要思考的一个问题。

四、总结

中国广告市场呈现的三大特点，首先是向好的大趋势，整个市场积极启动、各个媒体协同增效；其次是正能量，来自消费者的新消费拉动，来自品牌媒体对市场的拉动；最后是小机会，潜力市场 OTT 和社区媒体，需要未来精心布局。

（本文作者：曹雪妍、李聪，CTR 媒介智讯）

3.3 广告主对经济形势的预判及营销策略的改变

2017年,中国经济在一些总量指标上呈现向好的态势,经济运行保持在合理区间,全年经济增速小幅回升至6.9%,是自2011年以来的首次回升。结构调整不断深化,最终消费和服务业对经济增长的贡献提升。GDP首次超过80万亿元,实现7年来首次提速;人均可支配收入跑赢人均GDP。"国民经济稳中向好、好于预期,经济活力、动力和潜力不断释放,稳定性、协调性和可持续性明显增强,实现了平稳健康发展。"2018年1月18日国家统计局局长对2017年经济表现作出如上评价。

但是,2018年国内国际环境复杂,面临着新的挑战和风险。国内固定资产投资和消费增速依然下滑。更为严峻的是,经济发展不平衡不充分的问题不断显现,金融系统结构性问题依然存在。债务方面,虽然地方政府债务率和企业债务率得到一定控制,但是家庭债务率仍在继续攀升,且家庭可支配收入的可持续增长并未得到有效改善。国际上面临严峻挑战,美国税改冲击、美国贸易保护主义抬头,全球贸易战升级。这些都在考验中国经济可持续发展的能力。

广告在一定程度上是国民经济的晴雨表。从发展阶段上看,中国广告行业从1979年至2014年经历了连续35年的高速增长,增长率年均超过15%。有学者认为,2015年中国广告进入"下半场"。2015到

2016 年经历两年负增长，直到 2017 年才重拾增长。原国家工商行政管理总局公布的数据显示，2017 年中国广告经营额为 6896.41 亿元，占国内生产总值（GDP）的 0.84%，较上一年增长了 6.28%，与同期 GDP6.9% 的增长率相差不是太大。

在如上宏观经济大环境和广告发展新阶段的背景下，继续开展对整个媒介产业化的起点——中国广告主的调查，对营销人员具有非常重要的价值和意义。

CTR 的广告主趋势调查已经连续进行了十年。2018 年继续在兼顾行业分布、预算规模的前提下调查了 308 家具有代表性的中国广告主，主要涵盖广告主信心指数、广告主营销预算变化趋势、广告主的媒体策略及主要营销工具的运用等内容。

一、中国广告"下半场"，广告逻辑发生改变

中国传媒大学的专家认为，中国广告"下半场"的概念，其实是从互联网行业出现的。互联网行业对用户和流量有着超凡的敏感，当快速跑马圈地的用户红利逐渐消失，用户规模快速增长近乎停滞时，包括互联网在内的所有产业都需要用另外一种新的逻辑来思考新的问题了。从某种程度上来说，"下半场"代表着中国广告行业进入了另一个时代，在这个时代，一切广告的价值直接与个人的时间及其专注力相关联，广告的逻辑发生了改变。

在上下转场、新旧交替的关键节点，营销人士需要回归营销的本质，从战略设计到实施蓝图，进行系统升级。

互联网不断升级发展，使人与人、人与产品、人与信息可以实现"瞬连"和"续连"。营销不仅仅需要增强品牌与消费者的沟通、基于内容与消费者建立情感连接；还需要真正驾驭流量的有效分配，从"人找信息"，到"信息找人"，进行多层次多管道多主体的分发；营销传播与销售服务之间的界限也需要打破，营销与销售走向协同、融合。

消费者行为微小、碎片化严重。消费者呈现群落状重叠分布。消费者洞察的标签体系需要更深层、更多维。品牌进入泛品牌时代，消费者自动去广告化，内容成为传递品牌的载体，而不再是广告，内容型广告强调与消费者的心理契合。消费者进入浅状态，注意力稀缺。媒介传播去中心化，营销无法击穿市场，媒介思路上升到全网渗透，时间+空间+人群+场景的高维传播。一切皆可为内容，以内容IP自带势能，内容生产从传统的集中生产，向社会化、平台化的内容生产变迁。

新营销是以消费者为中心，以触发情感共鸣的内容作为源动力；通过标签优化、算法赋能，精准匹配商品、营销物料、消费者场景需求，进行全网域信息分发；同时建立有效的销售承接机制，对销售促进相关的资源要素整合利用，实现商品同步流通与转化；提升企业经营效率。

二、2018年广告主信心明显提振

中国经济继续保持"L形"新常态，中国广告在2017年重拾增长，这些都提升了广告主对整个经济的信心。与此同时，广告主对行业发展前景和公司经营情况也较2017年有更大的信心，且三者信心指数呈现聚合的态势，其中对国内整体经济形势和行业发展前景的信心指数均达到近七年峰值。

1. 2018年广告主对国内整体经济形势信心创历史新高

2017年中国经济增速近六年来第一次出现回升，宏观经济增速较大，广告主信心明显提升，对国内整体经济发展形势的信心创历史新高。在2017年信心趋稳的情况下，信心指数有了更大幅度的提升。其中，广告主对国内整体经济形势的信心指数达到2009年以来的最大值，对行业发展前景的信心指数达到2012年以来的最大值。见图3-3-1。

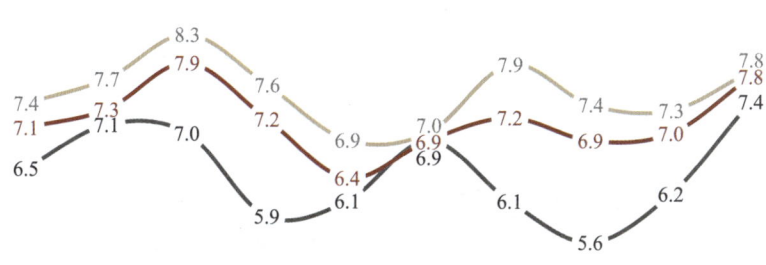

图 3-3-1　广告主对整体经济形势的打分（0-10 分）

数据来源：CTR：《2018 中国广告主营销趋势调查报告》。

根据对广告主的访谈结果，可知广告主的信心提升来自于产品渠道创新、加强品牌塑造、国家政策的稳定等。渠道创新体现为：在新零售背景下，电商、无人售货、便利店，甚至餐饮，企业都要涉及，企业的营销目标一直在提升，随着大趋势而不断转换；品牌塑造主要体现在：大部分品牌尤其是本土品牌普遍处于上升趋势，每年高速度增长，整个市场逐步在打开，迫切需要加强对对品牌的塑造；政策对信心的提升主要体现在：2018 年是中共十九大精神真正深入贯彻的元年，十九大报告提到了实体经济、中国制造，不管是国家层面还是企业层面实体和实业都是最核心的，这些政策指向和导向为实体经济注入了活力。

2. 大企业对经济形势信心更强，规模决定企业对自身经营的信心大小

具有不同营销预算规模的企业对经济形势的预期呈现不同的特点，整体来说，规模越大，信心越足，与实力相匹配；规模越小，对行业和自身信心越弱。

预算规模大的企业对国内整体经济形势的信心相比 2017 年提振不少，他们对行业发展前景更有信心，对自身公司经营情况更有信心。同时，小微企业也对国内整体经济形势和行业发展前景大幅提升信心，但对自身经营的信心还不饱满，仍需给予更大的政策鼓励和宽松激励。

见图 3–3–2。

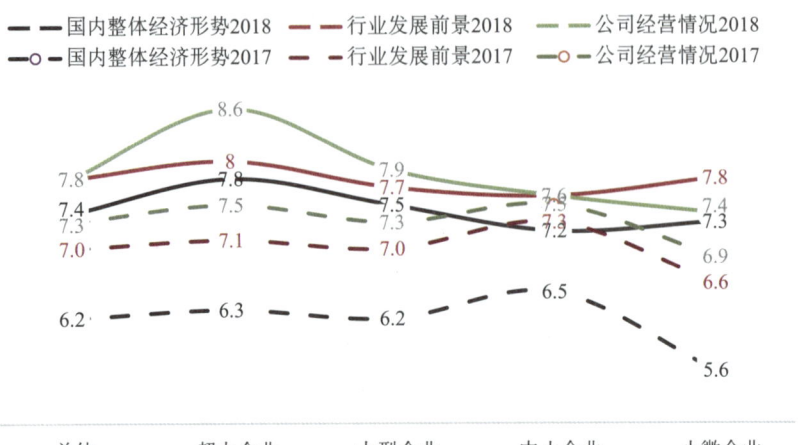

图 3–3–2　不同预算规模广告主对经济形势的打分（0—10 分制）

注：根据 2017 年营销传播预算，将广告主分为四类，超大企业（5 亿元以上）、大型企业（5000 万以上，5 亿元及以下）、中小企业（1000 万元以上，5000 万元及以下）、小微企业（1000 万元及以下）。

数据来源：CTR：《2018 中国广告主营销趋势调查报告》。

大企业对自身信心饱满，主要源于：中国经济正处于转型升级的关键时期，消费及产业结构升级为中国大企业不断做优做强做大提供了必备的需求侧条件。国家大力实施供给侧结构性改革等，大幅减少了束缚生产力发展的体制机制障碍。全球新的工业革命浪潮使一些中国大企业在世界范围内取得很好的成绩。英国知名品牌价值咨询公司 Brand Finance 发布的《2018 全球最具价值品牌 500 强》报告，报告显示，中国品牌正缩小与全球领先品牌之间的差距，自 2008 年以来，中国上榜品牌在全球品牌 500 强总价值中所占比例从 3% 升至 15%[①]。此外大型企业对未来消费趋势的把控、对自身产品的认同也是他们对未

---

① 2018 全球最具价值品牌 500 强，十大品牌网，http：//www.china-10.com/news/498537.html

来充满信心的来源之一。与此同时，国家层面对品牌的支持，也为大型企业提供了很好的机会，如有些企业反馈，从国家品牌计划到中国品牌日的诞生，为中国品牌提供了全新的机遇。企业认为，中国在互联网、人工智能、电动汽车等产业已经处于世界领先地位。

对于小微企业来说，商事制度改革的深入推进，有力激发了市场主体活力，促进了企业快速增长。党的十八大以来，党中央、国务院高度重视小微企业发展，出台了一系列政策文件，为小微企业发展创造了良好环境。此外，居民消费能力的提升和低线城市消费的崛起也给小型企业带来更大的发展空间。

3. 不同行业企业预期信心良好，日化对行业发展前景预期最高

不同行业广告主对经济形势的信心呈现不同特点。随着居民收入的增加和消费需求的升级，消费者对产品品质有更多更高的追求，这也为日化行业（清洁、洗护、化妆品）提供了很好的发展机会。日化行业对国内整体经济形势的信心指数上升幅度最高，其余行业均有不同程度的上升，且该行业对2018年各方面的经济形势信心较2017年均有大幅上升。在消费升级的背景下，消费者追求更高质量的产品给日化行业发展提供了更大的空间。

药品行业对2018年各方面的经济形势信心较2017年有大幅上升。中国面临的老龄化趋势在一定程度上对医药行业形成影响，在医药市场，老龄人口医药消费占了医药消费总额的50%以上。同时，居民健康意识加强、医疗技术的进步也会带动医药产业跨上新的台阶。

日用品（衣着、家居、个人用品）、交通、金融保险行业对2018年的行业发展前景也非常有信心。经济的上升、消费者消费水平的提高都为这几类行业发展提供了基础动力。新零售也为日用品行业的发展注入了新的动力，具有文化底蕴和民族情怀的日用品获得了消费者的青睐。

金融行业回暖、借助科技力量转型，进行积极的尝试和改革，这些都为金融行业提供了向好的信号。

由于政策的限制"房子是用来住的,不是用来炒的",银根缩紧,房地产投机热逐渐消退,整个行业发展前景的预期低于平均值。见图3-3-3。

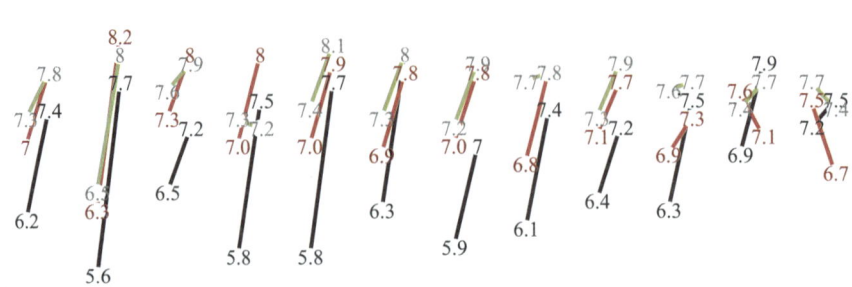

图3-3-3　不同行业广告主对经济形势的打分（0-10分）

数据来源：CTR：《2018中国广告主营销趋势调查报告》。

三、广告主的营销预算分配提升，营销注重实效、精细化

2018年广告主在保持信心高涨的前提下，对营销的投入预期也是增大的。表示今年要增加营销推广费用的广告主占比增多，企业规模越大，营销费用越增长。除互联网、金融行业外，其他行业营销预算占比都有增长预期，其中日化、房地产行业最为明显。营销预算各项费用也呈现出新的动向，硬广持平，软广下降，公关和渠道提升，多种营销方式趋向实效和协同。从广告主关注的重点市场来看，2018年广告主继续扩大一二线城市的营销预算，二线城市最受关注。

1. 总的来看，2018年广告主的营销投入稳中有升

（1）增加营销预算的广告主占比扩大，持平和下降的广告主占比

下降

2018年广告主的营销推广费用呈现上升的态势。在2018年广告主营销推广预算占比的预期中,"增加"选项相较2017年提升了7个百分点,选择"持平"与"下降"选项的比例较2017年均有所降低,其中"持平"选项与"增加"选项的选择率持平,均为43%,选择"减少"的比例较2017年降低4个百分点,为2015年以来的最低值。见图3-3-4。

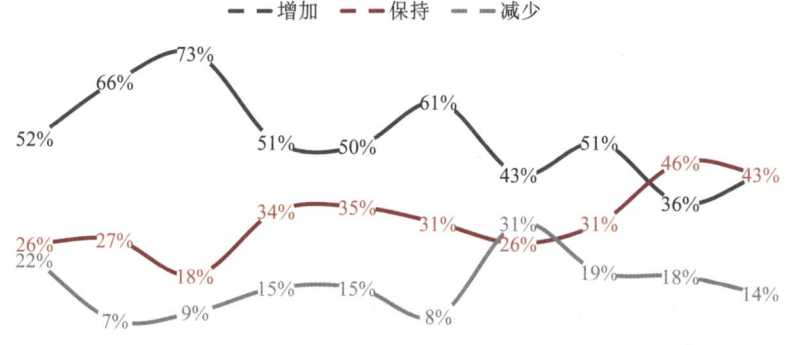

图3-3-4 广告主对当年营销推广费用占比的预期

数据来源：CTR:《2018中国广告主营销趋势调查报告》。

具体来看,业绩增长、产品线扩容和媒体碎片化导致的触达成本增加是引发营销预算提升的重要原因。一方面,业绩增长、企业的营销目标往上提是广告主增加营销预算投放最直接的原因,以营销推广费用占比的提升支撑并保障品牌突围。另一方面,新兴业务不断推出、产品不断更新、扩容促使广告主增加营销费用以提升品牌和新产品曝光,帮助产品迅速打开并占领市场。在碎片化的媒介环境下,在媒体矩阵中如果达到足够高的音量,实际成本是变高的。

（2）企业规模越大,营销费用增长预期相对越高

从不同规模企业来看,企业规模越大,营销费用增长越多。相较2017年,2018年广告主营销推广费用占比预期净值上升,其中,超大企业和大型企业提升预期更多。见图3-4-5。

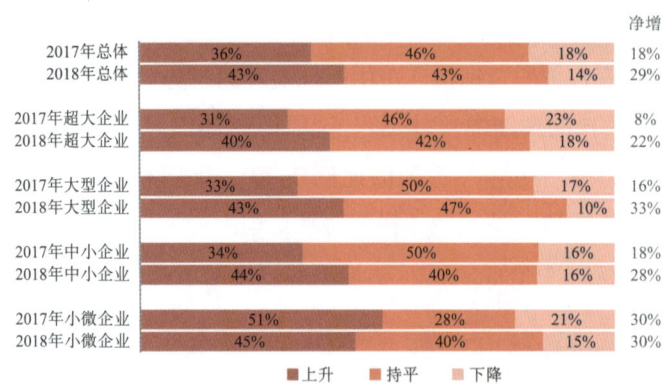

图 3-3-5　不同预算规模广告主对当年营销推广费用占比的预期

数据来源：CTR：《2018 中国广告主营销趋势调查报告》。

（3）大部分行业营销预算占比都有增长预期，尤其日化行业、房地产行业

从不同行业营销推广费用占比增加的广告主比例上看，除了互联网、金融行业外，11 个行业中有 9 个行业营销预算占比增长，呈现上升趋势。在营销预算占比增加的广告主比例提高的行业中，日化、房地产行业增长幅度最大，增幅分别为 31 和 19 个百分点。互联网及 IT 行业营销预算占比增长的比例 2017 年最高为 61%，2018 年降低到 35%。见图 3-3-6。

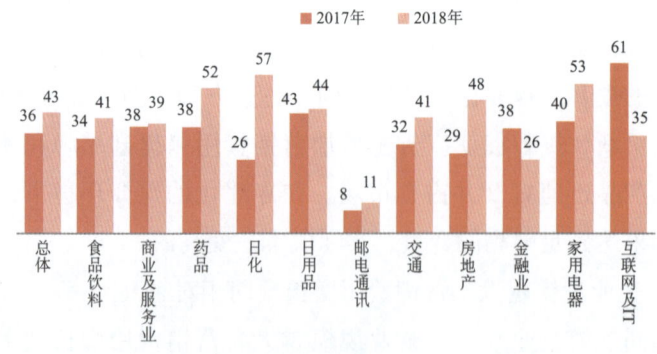

图 3-3-6　不同行业营销推广费用占比增加的广告主比例（%）

数据来源：CTR：《2018 中国广告主营销趋势调查报告》。

日化行业增长幅度最为明显，与日化行业广告主对市场的信心有强关联性，日化行业对国内整体经济形势的信心指数上升幅度最高，且对2018年各方面的经济形势信心较2017年均有大幅上升，因此倾向于增加营销推广费用的广告主比例上升。

在经过2017年房地产调控政策持续加码后，2018年房地产行业趋于稳定调整，行业排名前列的房企对销售规模持相当谨慎的态度。但同时更注重不断创新营销手段获取市场的关注，以在竞争日益激烈的房地产市场中生存和发展①，因此倾向于增加营销预算。房企正在转变营销理念，做更多的尝试：首先是营销理念的尝试，他们学习快消品塑造品牌形象、销售投放更加精细化，以及创意设计根据渠道特点做一些区别，地产以前比较粗放，现在营销方面可以做得更精细化一些了。其次是新服务的尝试，如 对业主的平台和各种服务尝试，自建APP自在社区，把已经入驻的买房者盘活，包括物业费、门禁、保修、社交互动、叫外卖、周边的服务，是物业方面线上线下向业主开放的平台。

互联网发展进入"下半场"，流量红利结束，互联网企业获得流量的成本大幅增加，互联网行业的发展由粗放式经营转向精细化管理，精耕老用户是制胜之道，在营销上更加看重品牌的塑造，与消费者建立更深的联系。他们认为品牌又重新开始变得重要了，因为互联网信息已经到了一个新的阶段，用户懂得自己辨别信息，开始自我觉醒，有对生活方式、自我情感被满足的需求。因此，互联网广告主对广告的运用发生了变化，从以广告战争夺用户、获取流量转变为在价值观上回应消费者消费升级的需求、塑造和维护品牌，广告在企业经营中的地位下滑，营销推广费用增加的广告主比例下降。资本寒冬到来，资本投资更加谨慎，投资规模更加保守，互联网企业的资金链备受考验，也是广告主营销推广费用下降的重要原因。

金融保险行业营销推广费用占比增加的广告主比例下降，源于行

---

① 真正的干货来了，2018年房企500强测评研究成果精读，中房网，2018年3月23日，http://www.fangchan.com/news/1/2018-03-23/6382907956945817606.html

业发展的压力。2017年银行业监管环境趋严，市场环境发生了显著变化，行业马太效应显现，中小金融企业盈利能力下降。据《每日经济新闻》报道，60家保险公司业绩欠佳，2017年度出现亏损，其中35家亏损超过1亿元。① 营收压力下，金融保险行业营销推广费用增加的广告主比例下降。

2. 各项营销费用变化：硬广持平，软广下降，公关和渠道提升。营销方式趋向实效和协同

广告主的营销预算各项费用主要包括硬广、软广、终端费用、公关费用、中间商的维系和推广费用等几大块。2018年，在这几大块费用的投入也有新的动向。首先，硬广投入增加的比例在经过2017年大幅回升之后，2018年与2017年保持持平。其次，2018年软广投入继续下滑。再次，公关呈现回升态势，与前年持平。最后，广告主更加重视渠道，2018年广告主的终端推广费用和中间商推广费用均有不同程度的增加，渠道作为营销转化的手段的重要性不断提升。综合各项营销推广费用的变化情况，企业在广告、公关、终端渠道等营销形式上，不再孤立运作，更加趋向实效和协同。企业强调三结合，即传统媒体和新媒体的结合，线上和线下的结合，广告和公关的结合。见图3-3-7。

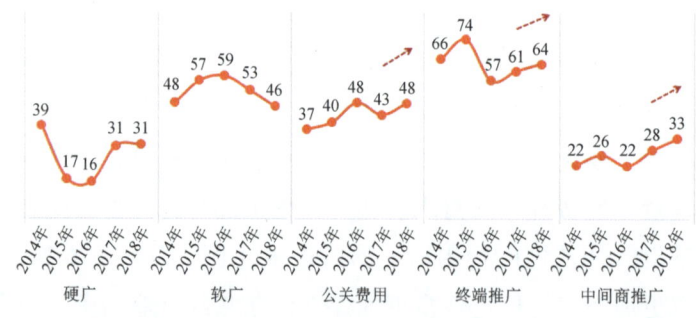

图3-3-7 各项营销推广费用增加的广告主比例（%）

数据来源：CTR：《2018中国广告主营销趋势调查报告》。

---

① 保险2017年业绩榜：逾六成盈利，35家亏损过亿，每日经济新闻，2018年5月8日，http://insurance.hexun.com/2018-05-08/192970949.html

公关提升原因：在营销环境越来越复杂的当下，与消费者实现深度、长效的沟通对广告主来说至关重要。与广告相比，公关可以赢得消费者信任、增加品牌好感的优势越来越受到广告主的重视。①更多广告主将广告和公关相配合实现更理想的传播效果。企业认为广告解决知名度问题，公关解决认知度问题，公关传播是整合型，企业在广告上可描述的范围越来越窄，公关的可传播范围比较大。②公关也是制造话题性促进情感沟通的重要途径。甚至在有的企业公关传播成为重中之重，成功的公关活动具有话题性、争议性，塑造情感是核心、根源。

渠道加强原因：在广告主实效导向下，销售转化往往成为其KPI考核中最为重要的指标，中间商推广和终端推广直接影响营销活动的转化效果，因此广告主一直非常重视渠道的投入。①渠道是消费者能够接触产品、产生消费的地方，是比较重要的节点，所以广告主会重视渠道的投入；②渠道也是公关和媒体之间、活动之间的一个协同，企业会通过端架、地推等终端营销手段把潜在客户锁定住。

软广下降原因：相对硬广而言，软广具有很多优点，在热点频出的当下，可以与消费者深入沟通的软广颇受青睐，但其费用较高、风险较高、执行复杂、周期长、慢热型等难点使得广告主对软广的投入有所顾虑。

3. 区域营销预算分配上，保住主战场谨慎开展营销活动是广告主的共性

2018年，一二线城市是广告主重点关注的市场，广告主继续扩大一二线城市的营销预算。

相对来说，二线城市更受关注。其一，从2018年广告主开展营销活动的重点市场和区域上来看，一二线市场的选择率分别为75%和79%，远高于其他市场，二线市场高于一线市场4个百分点。其二，从广告主2018年优先考虑增加营销费用的城市上看，二线市场的选择率高于一线市场10个百分点。在一线城市一片红海的情况下，二线城市具有广阔的市场潜力，因此受到广告主的青睐和重视。见

图3-3-8。

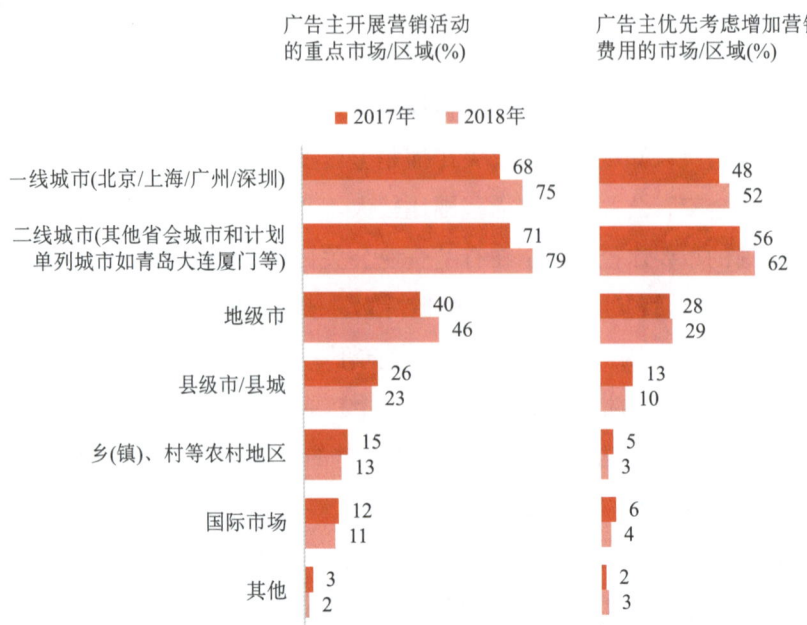

图3-3-8　2018年和2017年广告主关注的重点市场/区域

数据来源：CTR：《2018中国广告主营销趋势调查报告》。

从不同预算规模的企业来看，超大企业营销下沉，更为重视地级和县级市场。超大企业的市场下沉源于对低线城市消费者的看好，三线城市人口基数大，人口增速高于一二线城市，而且三四线城市居民的消费力正在快速上升[①]，市场潜力大。

大型企业在营销下沉的同时，同样重视一二线城市的营销费用追加。中小企业更重视二线城市和县级市的营销费用追加。超大企业和大型企业营销活动依然下沉，但下沉幅度减小，小微企业依然拓展上线市场，但扩张放缓。保住主战场谨慎开展营销活动是不同预算规模广告主2018年的共性特点。见图3-3-9、图3-3-10。

---

① 你不在乎的三四线城市，数据却看到了万亿商机，199it，2017年5月12日，http：//www.199it.com/archives/592779.html

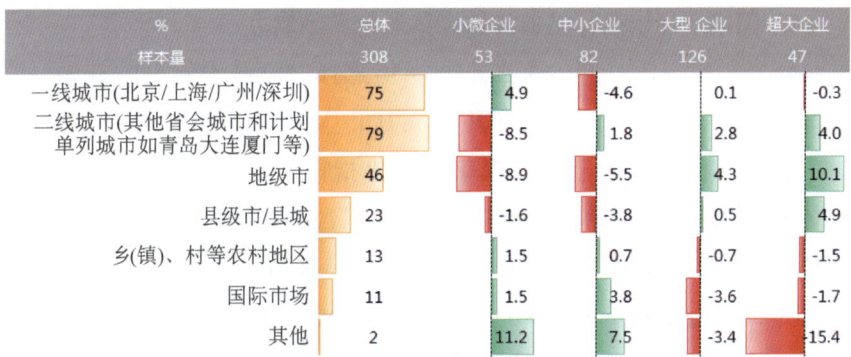

图3-3-9　不同预算规模广告主2018年开展营销活动的重点市场/区域

数据来源：CTR：《2018中国广告主营销趋势调查报告》。

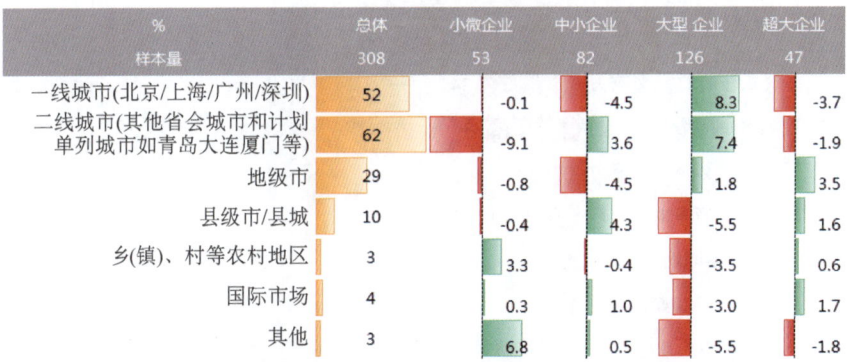

图3-3-10　不同预算规模广告主2018年优先考虑增加营销费用的市场/区域

数据来源：CTR：《2018中国广告主营销趋势调查报告》。

四、广告主的媒体策略依据：更加重视媒体调性和实效转化

广告主制定媒体策略，需要评估和选择媒体，这就涉及广告主怎么看媒体、怎么选择媒体、怎么用媒体的问题。2018年广告主选择媒体的依据中，媒体形象和影响力的重要性持续提升，2018年已经升至第三位，首超量化指标。实效转化、品牌知名度提升是广告主判断广告有效性的两大标准。

1. 媒体选择依据：更加注重媒体形象和影响力

调查结果显示，广告主在进行媒体选择时，最为看重的首先是受众的契合度，其次是广告的ROI/性价比，媒体的形象和影响力2018年上升到第三位，首次超过收视率等量化指标，量化指标排在第四位。媒体的形象和影响力的逐年提升，说明广告主在选择媒体时，更看重媒体与品牌的关联所带来的影响，即媒体品牌与企业品牌调性的相符。尤其是那些自带流量的大品牌，更加重视与消费者去沟通中新媒体沟通的广度和深度是否和品牌相搭。双方的品牌对等度是否比较接近，他们不太可能和调性不搭的媒体进行合作。见图3-3-11。

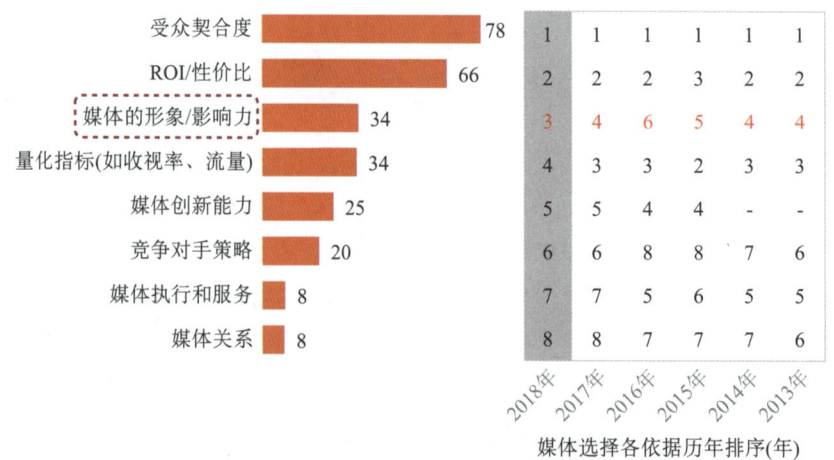

图3-3-11 2018广告主选择媒体的主要依据（％） 媒体选择各依据历年排序

数据来源：CTR：《2018中国广告主营销趋势调查报告》。

2. 判断广告有效性标准：依旧重视品效合一

广告主在评判广告是否有效上，实效转化、品牌提升是两大标准，体现了广告主对于品牌和效果的追求。调研数据显示，销售量、销售额、市场占有率提升的选择率达到了74%，远超过其他选项。2018年品牌知名度提升超过曝光量、访问量、转化率居第二位，反映了广告主品效合一的现实需求。见图3-3-12。

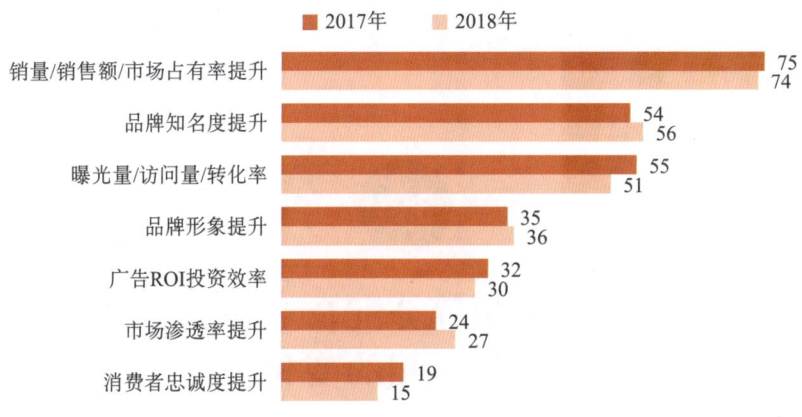

图 3-3-12 广告主判断广告活动有效性的标准（%）

数据来源：CTR：《2018 中国广告主营销趋势调查报告》。

综上所述，在中国广告市场上下半场新旧交替的关键时候，广告主营销回归本质是必然，这就要求广告主不仅重新审视大环境，宏观经济、媒介环境，更需要注意趋势变化下的产品策略和相应市场策略的调整。可以看出，广告主开始对品牌和沟通进行高维思考，注重整合营销手段的综合使用，客观评估各种营销方法，更加重视传播的契合性和有效性，关注对细分下沉市场的精耕细作。广告主的营销活动越来越成熟、实际和高效。

（本文作者：毛继萍，央视市场研究战略发展部）

3.4

广告主媒体预算分配及对各类媒介工具运用的变化

无论市场如何变化、消费习惯如何改变、媒体环境如何变化，企业和品牌总是期望追求以最小的代价赢得最大的品牌效应和市场规模。营销投入保持稳定为第一原则，尤其是国内本土大品牌，都是在此基础上组合各种新资源、新方法和新创意。然而创新也是广告主不变的原则，他们在保持现有投放的基础上，不断尝试新的创意和方法，力求应对不断变化的消费习惯和新兴成长中的年轻群落，这些创造未来的年轻群体是广告主永远关注的重点。

一、广告主的媒体预算分配兼顾传统媒体和新兴媒体，但是策略和方法发生调整

CTR 的 2018 年广告主调查数据显示，在 2017 年广告主实际媒体预算分配上，传统媒体（电视＋户外＋纸媒＋广播＋其他）占六成，新兴媒体（PC＋移动＋OTT）占四成，和前两年类似，传统媒体依旧是广告主最为倚重的传播平台。2018 年广告主媒体预算分配预期，依旧是传统媒体占六成，数字媒体占四成。从 2018 年预期分配来看，媒体分配预算在总预算中有些倾斜变动，比如移动互联网或成最大蛋糕，

预计 OTT 也会上升一些，电视会略有下降。

看似广告主的媒体预算分配谨慎持重，媒体预算分配参考过去一年的投放情况和经验，以及市场和销售情况而保持稳定。但是通过对广告主的访问，我们发现，广告主在策略上、方法上、思维上和行动上都发生了改变。

1. 2018 年广告主媒体策略向平台化融合发展，重新认识各类媒体的价值

具体到各类媒体，2017 年，广告主在电视上投入最多，占比达到 25%；其次是移动互联网和户外媒体，分别各占 21%；再次是 PC 互联网，占 15%；其余预算（39%）分配在了纸媒、广播以及其他媒体上。其中，OTT 依旧分配 2% 的预算。但是 2018 年预期，移动互联网媒体占到 23% 的份额，而可能成为广告主最大的投放选择媒体；投到电视、户外和 PC 互联网的预算略有减少。

看似变化不大的数据背后，其实蕴含着广告主思维的转换和投放的理性。对于传统媒体，以前多以广泛性的曝光为唯一目标。现在，传统媒体更多地被作为强公信力的品牌背书的功能、作为话题的源头，起到对品牌的推动和传播，起到带动作用，然后通过新兴媒体和自媒体进一步推进和传播。新兴媒体和自媒体本身流量不具有高覆盖性，再加上费用的不断攀升，越来越作为媒体融合的第二类媒体来对待。尤其是对于大的品牌主。对于电视媒体，很多广告主认为还是会发挥出更大的价值的，因为现在电视媒体自身都在进行转型，电视的内容力只要能够保证，还是一个很好的媒体。

广告主在新兴媒体运用上不断创新，尤其是对移动互联网的运用，目的更加明确。在积极尝试新传播手段的同时，理性判断其价值，并不盲目跟风，越发成熟。广告主认为新兴媒体是对传统媒体的补充，是解决与消费者近距离沟通的问题，而传统媒体是解决公信力的问题。对新兴媒体的重视也是对年轻人市场的重视。见图 3-4-1。

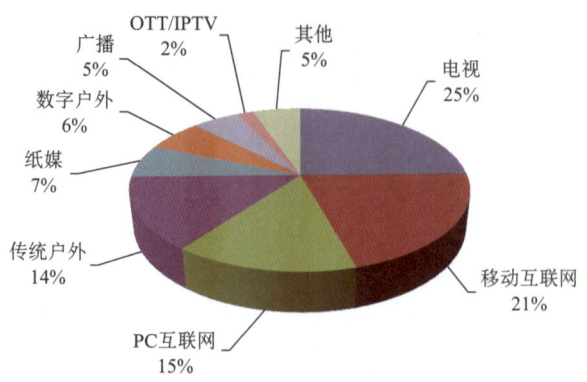

图 3-4-1 2017年全媒体广告预算实际分配比例

数据来源：CTR：《2018 中国广告主营销趋势调查报告》。

OTT/IPTV 预计会有提升，主要是随着这个市场从抱着试试的态度到逐渐接受，已经完成市场初入的过程。广告主选择 OTT/IPTV，主要是基于：①全面覆盖考虑，即全媒体投放搭配策略；②大屏的价值考虑，认为大屏幕电视视觉效果和传播冲击力好，大屏幕电视目前是家庭主要娱乐方式，播放时长比较多。③具有终端多样、受众广泛等优势，因为 OTT 广告也可以以手机和 pad 为播放终端，播放终端更多样化，受众更广泛。但是 OTT/IPTV 还没有到被广泛认可的阶段，因为广告主认为这种广告从创新的目的上来看，达到的效果是很好的；但从成本、浏览量、带动销售等数据层面来说，效果是不理想的。见图 3-4-2。

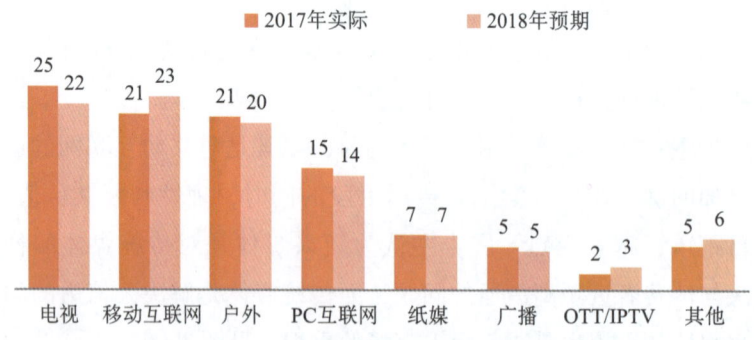

图 3-4-2 全媒体预算分配比例的变化（%）

数据来源：CTR：《2018 中国广告主营销趋势调查报告》。

2. 企业投放预算规模越大对传统媒体越倚重，行业特征的不同又决定了不同行业选择媒体的差异

从不同规模企业来看，企业规模越大越重视传统媒体，而中小企业的新兴媒体预算更大。规模较大企业在传统媒体上的集中投放主要体现在电视媒体上，企业规模与电视媒体预算分配呈正比。大企业和超大企业对电视依赖性未变。见图 3-4-3。

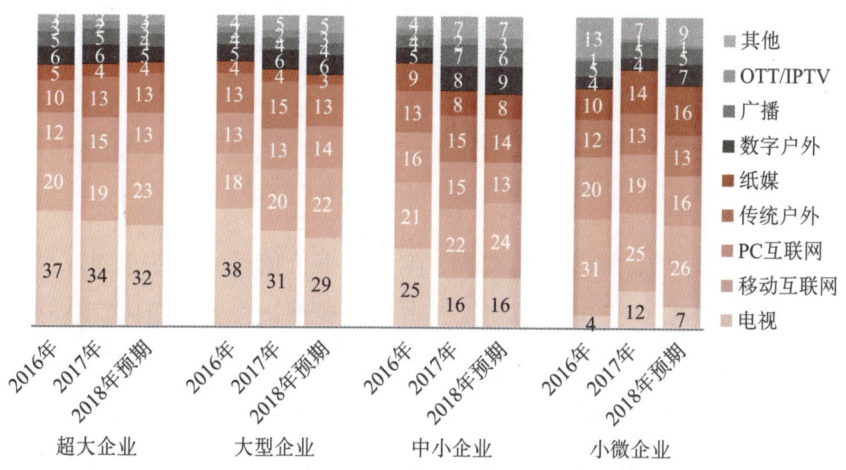

图 3-4-3　不同预算规模广告主全媒体预算分配比例（%）

数据来源：CTR：《2018 中国广告主营销趋势调查报告》。

从不同行业来看，食品饮料、药品、家电和房地产等行业对传统媒体的依赖性比较强，金融保险、交通行业和互联网及 IT 业对传统媒体的依赖性较弱。日用品行业虽然较为倚重传统媒体，但是在互联网媒体上的投入同样不可忽视。对互联网媒体的倚重主要是因为更注重高性价比的内容营销。见图 3-4-4。

二、广告主主要营销工具的运用：传统媒体

近两年媒体格局变化不大。电视：依旧趋于稳定，大企业更加重视电视媒体的覆盖面和品牌价值，和以往不同的是，大企业对央视的

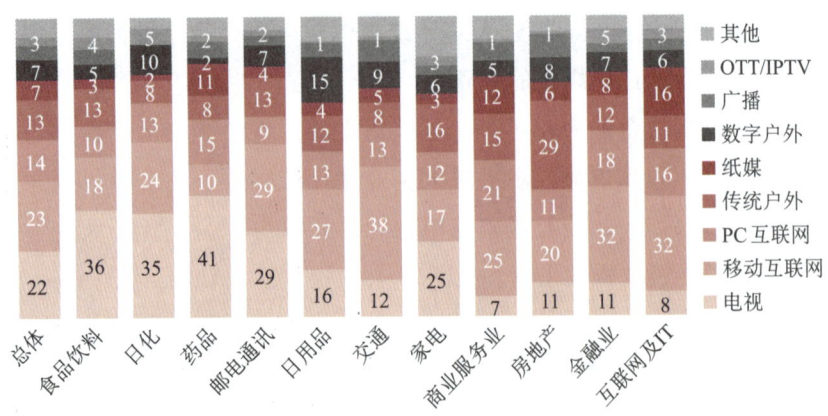

图3-4-4 不同行业广告主全媒体预算分配比例(%)

数据来源:CTR:《2018中国广告主营销趋势调查报告》。

倚重变为新时期品牌转型的需要,除了背书价值外,更注重对品牌地位的实际提升;OTT电视预期投放占比会提升;广告主植入广告运用继续常态化。户外:户外媒体中依旧是交通类媒体优势凸显,地铁、影院、机场、高铁类户外受青睐。

1. 电视的运用:电视预算依然向央视和卫视倾斜,马太效应未改变。但是选择的意义发生改变

相较于2017年,2018年广告主所投预算在各级电视媒体上的分配格局没有太大变化,央视和卫视依然占比最高,央视在2017年推出国家品牌计划后占比大幅提升并保持了稳定,省级卫视基本稳定,两者共占据了电视媒体超过六成多的份额。

广告主选择央视是因为:①品牌背书价值,高平台大平台的正面价值,代表了信任、信心、TOP,具有二次营销价值。这种平台核心力量价值除了央视外,其他平面央媒具有同样的价值;②是品牌工程的打造,是新时期转型升级的需要,这点是不同于以往的认知的。随着央视服务意识的不断加强,甚至把某些管理机构该做的事情给做了,这对品牌打造工程具有很重要的实际价值,广告主很清楚这样的价值。

广告主选择卫视是因为:①头部资源价值,卫视具有全国覆盖和影响力,而且这种属于稀缺资源,年初需要确定下来,因为整个行业的资源会在顶级的媒体上;②受众结构契合,尤其是湖南卫视和芒果受众基本上是18—26岁,和企业产品定位的年龄段比较相符;③植入价值,植入的方式使用较多;④集中化,相对其他媒体来说,电视没有那么碎片化,比如说央视和排在前面几个的卫视,其实还是有很大的推动力,这一点是广告主对于头部电视媒体的价值理性审视。见图3-4-5。

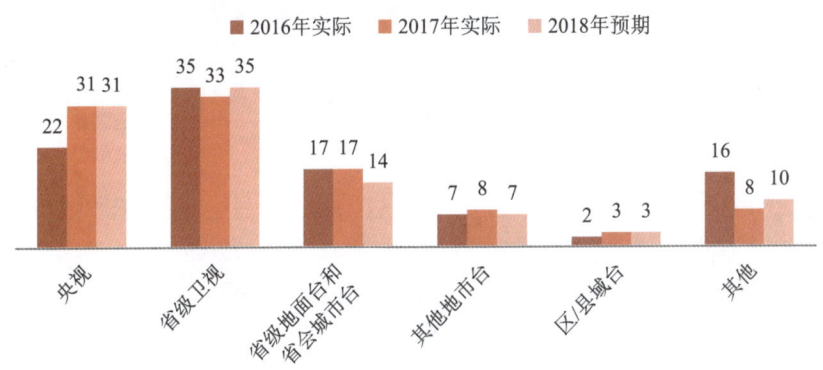

图 3-4-5 电视媒体预算分配(%)

数据来源:CTR:《2018 中国广告主营销趋势调查报告》。

具体到不同预算规模的企业,分配差异明显,规模越大,越重视头部媒体。调研数据显示,超大企业 2018 年预期央视和卫视的费用占比达到了 42% 和 39%,合计占比超过八成。小微企业央视费用占比为12%,省级卫视费用占比为 21%,合计占比三成。

与此同时,企业规模越大越重视央视,超大企业央视占比最高,为 42%。大型企业本身预算较为充足,有足够的能力选择央视和头部卫视,并且大型企业本身对打品牌有更高的要求,央视和头部卫视覆盖面广泛,在为品牌发声方面有更加明显的优势。2017 年央视国家品牌计划取得了很好的成绩,众多大型广告主投放,并对效果给予肯定。大企业的宣传更注重做主旋律,面对众多渠道,不可能面面俱到,抓住重点和关键,在借好国家媒体的势的基础上,企业自身再利用互联网的平台和工具，去做自媒体和媒体开放平台的耕耘。

中小企业和小微企业相对来说更重视地方媒体。小型企业选择电视媒体和企业发展阶段有关，一般辐射范围较小，集中在某一地域，因而会更为重视地方广告投放，并且央视广告预算对小微企业来说也有相对更大的压力。见图3-4-6。

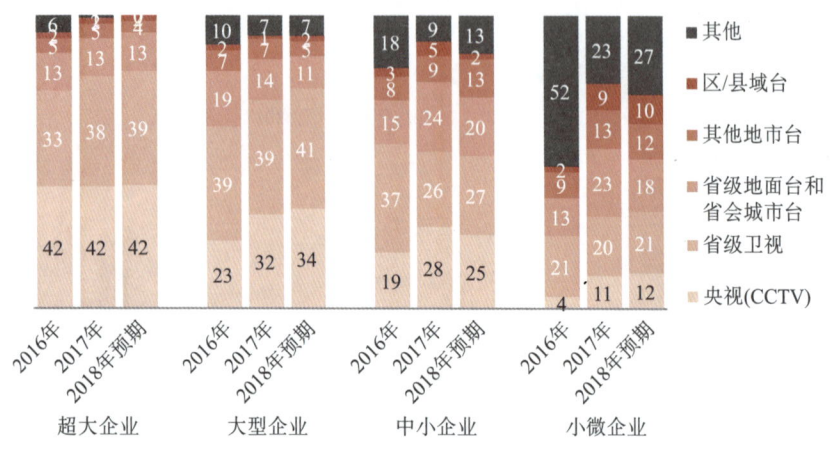

图3-4-6　不同预算规模广告主电视媒体预算分配（%）

数据来源：CTR：《2018中国广告主营销趋势调查报告》。

具体到不同行业的企业的电视媒体选择，日用品、金融保险行业最重视央视，其次是家用电器，这几类行业在央视的投放费用均超过五成。消费者对金融保险、日用品、家用电器和交通行业的品牌意识相对较强，因此广告主更愿意选择央视进行投放，用媒体品牌为企业品牌背书。商业及服务业和日化央视占比最少，省级卫视占比最大，高达63%—67%，远超其他行业。房地产、药品对区域性的传播和销售要求较高，因此比较重视省级地面台和省会城市台，占比均超过二成。见3-4-7。

2. OTT/IPTV的运用：覆盖、精准、互动、创新成为广告主的选择

调研数据显示，OTT在全媒体预算中占比仍然较低，2017年占比为1.9%，2018年可望上升到2.8%。根据勾正数据，2017年OTT广

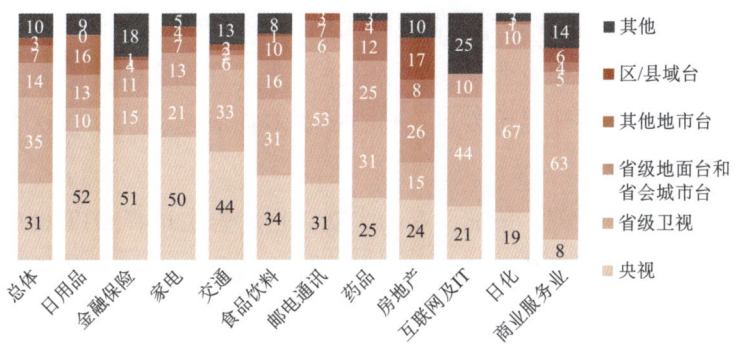

图 3-4-7 2018 年分行业电视媒体预算分配预期（%）

数据来源：CTR：《2018 中国广告主营销趋势调查报告》。

告收入 23 亿元，同比增长 130%，而预计在 2018 年 OTT 的占比达到 2.8%，较 2017 年提高接近 1 个百分点，因此 2018 年 OTT 扩大趋势明显，1 个百分点的增长预期或许会撬动数十亿元的广告预算。根据奥维报告的数据，2017 年中国 OTT 日活跃终端达到了 6230 万台，终端保有量超过 1.68 亿台，相较 2016 年增长了 30%。① 看电视的人在增多，家庭场景的营销价值正在回归，具有视觉效果强烈、时长长、广告环境好等优势，因此具有极大的发展潜力。春节期间，酷开推出电视红包，获得 3.08 亿次曝光，1019 万户家庭参与②，充分说明 OTT 营销的玩法还有更多可能。

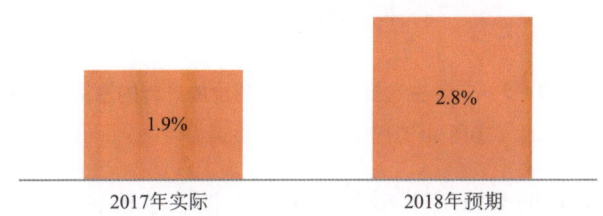

图 3-4-8 OTT（IPTV）在全媒体预算中占比（%）

数据来源：CTR：《2018 中国广告主营销趋势调查报告》。

① OTT 广告：相比起规模，我们更应该关注客厅消费场景的崛起，百家号，2018 年 4 月 10 日，http：//baijiahao.baidu.com/s？id=1597361135851915122&wfr=spider&for=pc

② 电视红包不简单，酷开率先突破 OTT 广告固有城池，快科技，2018 年 3 月 30 日，http：//news.mydrivers.com/1/571/571629.htm

OTT/IPTV 广告在全面覆盖电视受众、品效联动上有创新之处，被广告主所认同。例如企业反馈，创新主要表现在原来硬广的基础上联动了电商，并且搭建品牌专区，打造品牌专属频道，从创新这个角度来看效果是很好的。

具体来讲，覆盖、精准、互动、创新是广告主选择 OTT 投放广告的四大原因。其中覆盖范围日益广泛、受众规模日益增多的选择率达到了 49%；精准投放、提高电视广告曝光效率的选择率达到了 48%；能够实现多屏互动的选择率达到了 44%；形式多样、广告创新空间大的选择比例则达到了 38%。见图 3-4-9。

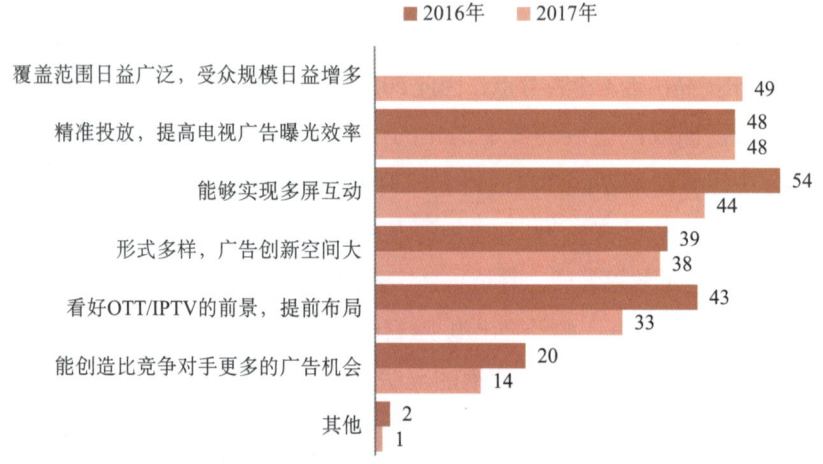

图 3-4-9 广告主选择 OTT/IPTV 投放广告的原因（%）

数据来源：CTR：《2018 中国广告主营销趋势调查报告》。

但也因为目前 OTT 广告效果的不确定性、单价较高，层层代理转包体系混乱，以及广告形式的限制，让广告主望而却步。

广告主对 OTT 广告的认知逐渐成熟，OTT 广告未来发展的最大顾虑仍然是缺乏客观的评估体系。数据显示，广告主不选择 OTT 广告投放的首要原因是缺乏客观评估数据，很难评估效果，选择率达到 59%；其次是受众规模不够大；再次是缺乏广告投放经验。未来 OTT 的快速发展，这三点都需要实现突破性的进展，尤其是客观的评估体系的建立。76%的广告主同意"如果具有科学的 OTT/IPTV 广告监测和效果评估方法,我会更愿意投放"。因此科学评估体系的建立,也许将可能推动 OTT 广告的新一轮增长。

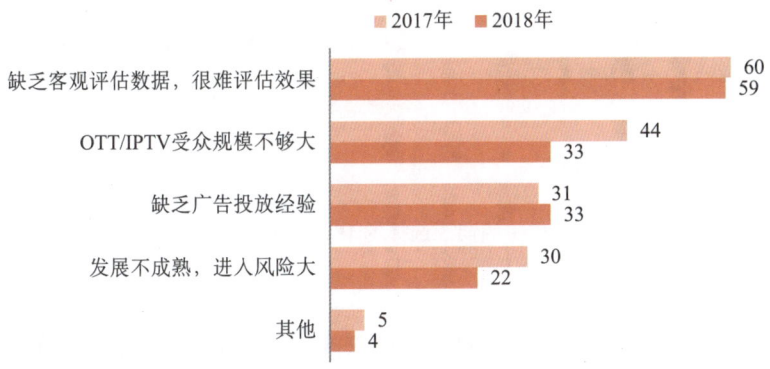

图 3-4-10　广告主不选择 OTT/IPTV 投放广告的原因(%)

数据来源:CTR:《2018 中国广告主营销趋势调查报告》。

在广告形式上,广告主对开机大屏广告、节目前贴后贴或插播广告、内容广告和互动类广告均有较好的接受度。其中,大屏全屏体验、广告独占强曝光、用户体验好的开机大屏广告最受广告主欢迎,选择率达到了 65%。同时,OTT 的广告形式不断推陈出新,广告主对不同广告形式的运用更加灵活。蓝月亮在首次投放 OTT 广告中,采用闪屏和互动贴片的组合形式提升销售转化,京东超级品牌日期间的销量较以往提升 6 倍,电商平台用户下单量较之前提升 84.73%。① 见图 3-4-11。

3. 植入广告的运用:作为大企业的常态化广告选择,渗透率在七成左右,但由于价格和预算限制以及风险因素,植入渗透率略有下降

国产剧质量及商业化的迅速提升、优质网络综艺的崛起,使得广告主对植入依然保持信心。植入广告近三年渗透力均保持在七成左右,

---

① 《是时候刷新对 OTT 广告价值的认知了》,广告门,2017 年 11 月 9 日,http://www.adquan.com/post-2-42629.html

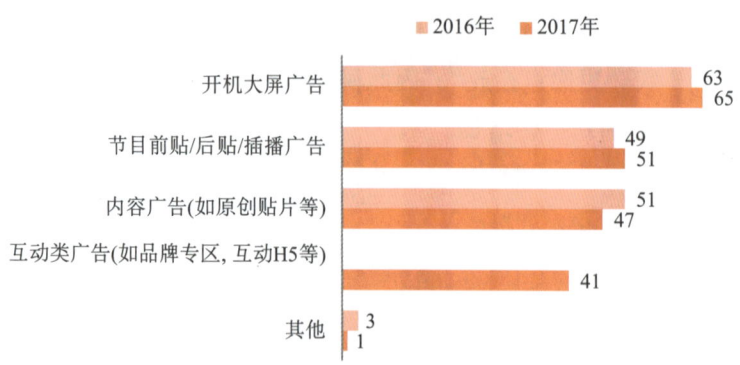

图 3-4-11 广告主倾向于选择的 OTT/IPTV 的广告形式（%）

数据来源：CTR：《2018 中国广告主营销趋势调查报告》。

成功的植入能够带来巨大的效果，如农夫山泉《冠名中国有嘻哈》，在节目播出期间，农夫山泉维他命水的铺货增长量达到了 195%，销售量增长超过 50%。[①]

2017 年植入广告比例略有下降，选择率为 68%，主要可能的原因是：①植入费用下降有一部分是企业营销费用的控制，影响植入频繁度下降；②价位高，广告主认为植入式的内容营销，是慢热型，价格相对较高；③植入广告存在一些风险，如有广告主表示，亚文化的植入有风险，如像《中国有嘻哈》这样的节目，其实会比较贵的。这个节目是年轻人喜欢的，但是逐渐被国家层面所管理了，这种亚文化还是存在风险的，亚文化还是要慢慢地被主流所接受。

不同规模广告主呈现出不同的植入广告特点，企业规模越大，植入合作的比例越大。见图 3-4-12。

从行业上看，植入的运用与行业对广告投入依赖性强弱有关，药品、日化、交通、日用品、食品饮料行业对植入广告更为青睐。互联网及 IT 行业 2017 年植入广告渗透率有大幅下降，从 2016 年的 64% 下降到 2017 年的 38%，相对而言 2017 年互联网行业更加注重品牌广告

---

① 剧星传媒. 还原《中国有嘻哈》走红的商业秘密——爱奇艺综艺内容营销中心总经理董轩羽演讲实录，2017 年 10 月 26 日，http：//mp.weixin.qq.com/s/nHH8iNvuo7dfCqVYSjvbKQ

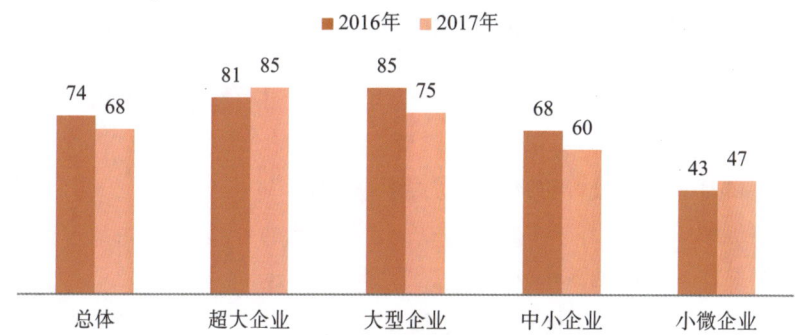

图 3－4－12　不同规模广告主有过植入合作的情况（%）

数据来源：CTR：《2018 中国广告主营销趋势调查报告》。

投放是植入广告下降的原因之一。见图 3－4－13。

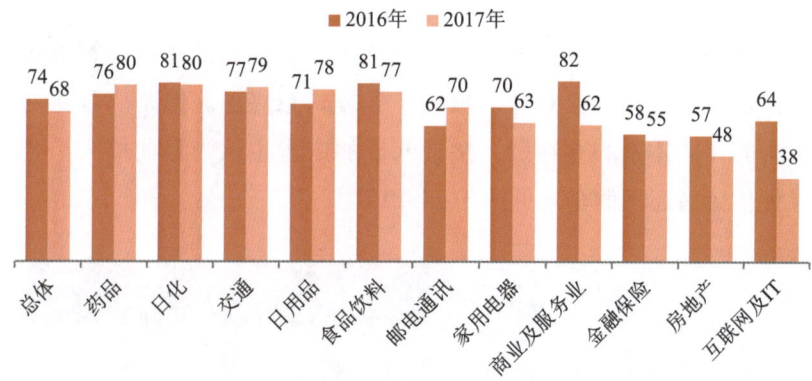

图 3－4－13　不同行业广告主有过植入合作的情况（%）

数据来源：CTR：《2018 中国广告主营销趋势调查报告》。

广告主在植入广告类型选择方面，电视节目/影视剧植入广告占比仍保持较高比例，特别是前期植入比例最高，超过七成。同时，网络节目/剧目植入、赛事植入和公益类项目参与和植入也是很多企业的选择。影视剧投放会减少观众抗拒心理，让观众通过剧情慢慢了解产品调性，了解品牌。厂商泸州老窖根据电视剧《三生三世十里桃花》剧情开发研制"桃花醉"同款产品，打破了先产品再植入的模式，成为销量爆款。"桃花醉"的百度指数在电视剧播出后迅速上升，在 3 月

5—11日期间达到顶峰1328，一下子打响了知名度。见图3-4-14。

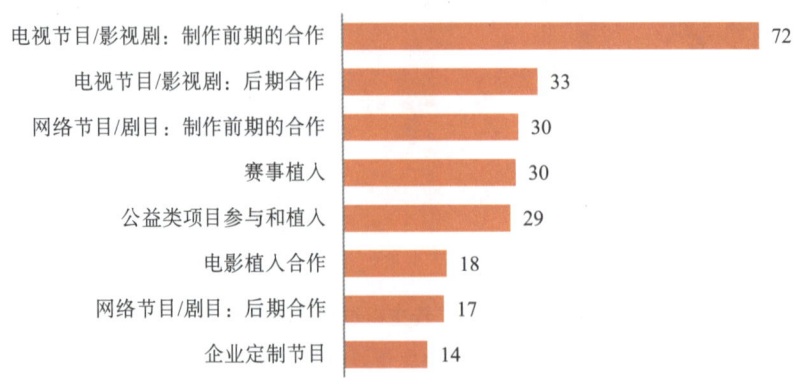

图3-4-14　2017年投放的植入广告类型（%）

数据来源：CTR：《2018中国广告主营销趋势调查报告》。

2017年广告主对一些新型广告植入方式，如创意中插、智能植入等，接近七成的广告主对这些植入广告方式感兴趣。但是广告主对植入广告的评估体系心有存疑，接近八成的广告主认为目前植入广告的效果评估体系还不健全。见图3-4-15

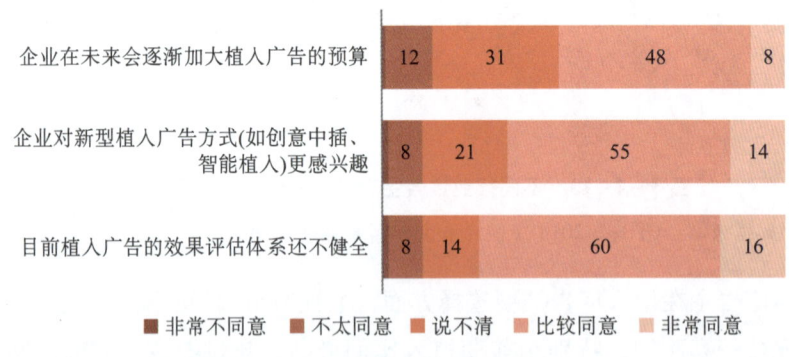

图3-4-15　广告主对植入广告的看法（%）

数据来源：CTR：《2018中国广告主营销趋势调查报告》。

4. 户外媒体的运用：依然以生活圈楼宇类为主，影院类、交通出行类媒体有所增长

户外媒体整体格局变化不大，但是随着我国城市化建设和交通系统的改进，高铁、地铁、影院媒体越来越受到关注。

传统户外媒体楼宇类依然占有最大的优势，虽然有小幅下降，但是依然被五成的广告主选用。原因：①生活圈媒体的高到达率；②电梯媒体的封闭性能够让消费者更加专注于广告内容。

影院类户外媒体预期2018年较2017年继续上升3个百分点，达到35%的渗透率。影院类媒体上升的原因：①产业新投入者的进入。随着不同媒体对原创IP和文化产业的重视，如爱奇艺文学、爱奇艺电影，爱奇艺进军电影院，在中山开设首家线下影院"娱刻"，电影市场的繁荣尤其是国产电影的兴盛带来了影院广告的增长。②观影人流的回归。随着上映电影数量的不断增加，各种题材和形式的电影不断涌现，为消费者观影提供更加多元的选择。在消费升级的大趋势下，消费者进影院看电影频次越来越高，尤其是在各种节日期间。2018年春节贺岁档票房成绩再次被刷新，广电总局节后假期期间的初步统计数据显示，2月15日至21日期间，贺岁档票房成绩为57.23亿元，同比增长超过66%以上。2018年多数贺岁档电影登陆院线日期依旧为2月16日大年初一，当日总票房成绩达12.68亿元，涨幅亦超过60%。①

地铁类、机场类、高铁/火车类交通户外媒体选择率有较大幅度上升，并在未来被广告主看好。媒体碎片化时代，根据用户的出行轨迹来选择户外媒体是明显趋势，消费者在哪里，广告就在哪里。静态的大画面直接投放是广告主最喜欢的形式。数据显示，高铁/火车类户外媒体预期2018年有9个百分点的增长，充分体现了广告主对出行类户外媒体的重视。此外，地铁类、机场类交通媒体2018年较2017预期会上升3个百分点，选择率分别为42%、36%。主要原因：①人口流动。中国人口流动最大是春节，城里打工有了钱要回去，回去要有消费，不管是家电还是其他日用品都是一个节点。②最近这两年关于"场景"和"体验"行业里也做得比较多，在地铁里边，做一些场景的营销。

---

① 57.23亿元！2018贺岁档你贡献了多少票房，凤凰网科技，2018年2月26日，http://tech.ifeng.com/a/20180226/44887835_0.shtml

见图3-4-16。

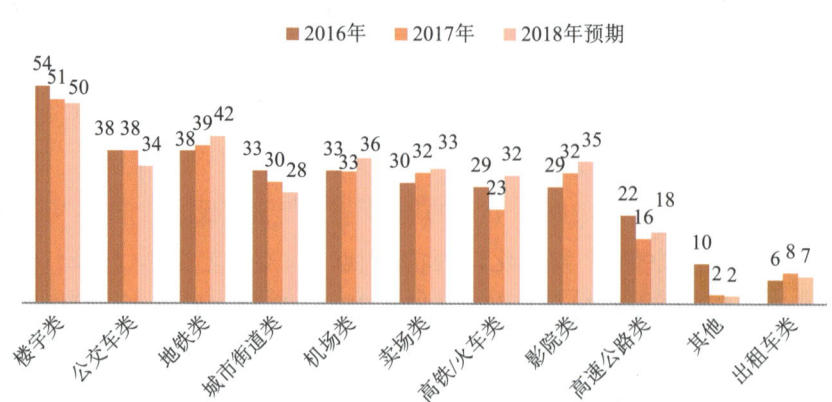

图3-4-16 广告主户外广告投放类型三年对比（%）

数据来源：CTR：《2018中国广告主营销趋势调查报告》。

传统户外广告仍然是广告主的投放重点，但数字户外广告已经连续三年都超过整体媒体花费的5%，且不断保持微升状态。在数字户外广告类型的选择上，广告主表现了对数字影院媒体的认可，有38%的广告主认为会在2018年提高数字影院媒体的投放费用。见图3-4-17。

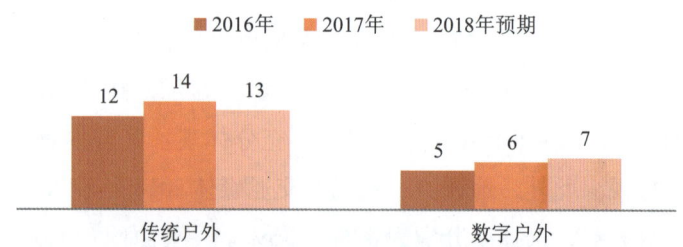

图3-4-17 2016—2018年传统户外和数字户外媒体预算占比变化（%）

数据来源：CTR：《2018中国广告主营销趋势调查报告》。

数字户外由于其互动性优势，近两年更加获得广告主的认可。①数字户外能够通过动态内容来表达创意的形式，受众可以即时体验并与其进行互动，并且能够支持小屏的介入，可以有更多玩法。②此外，

第3编 中国广告及营销市场趋势

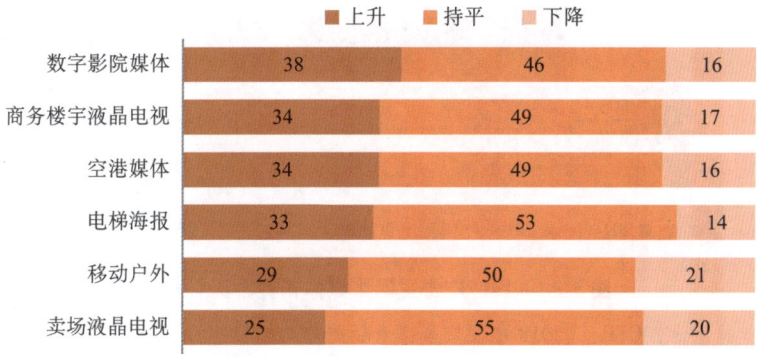

图 3-4-18 2018 年预期数字户外广告投放费用的变化（%）

数据来源：CTR：《2018 中国广告主营销趋势调查报告》。

数字户外的播放比较灵活，尤其在时间和长度上，并且可以根据受众、时间、季节、天气等因素的变化，为各种场所提供不同版本的广告内容。③大数据的精准标签功能能够更精准的确定目标消费者，人工智能的技术也让数字户外广告潜力无限。

三、广告主主要营销工具的运用：新媒体

广告主在互联网媒体上的花费占比预期从 2014 年的 21% 上升到 2018 年的 37%，近四年对网络媒体的选择基本稳定。互联网总体稳定，PC 和移动互联重要性相互置换。

1. 互联网媒体运用：PC 和移动重要性置换

数据显示，61% 的广告主认为数字媒体成为企业营销传播的核心平台。原因：①数字媒体对人有标签，所以投放更精准。②数字媒体已经成为人们离不开的媒体，人们获取资讯的方式是通过数字媒体。见图 3-4-19。

具体到互联网媒体的各种形式，与传统媒体相比较，广告主认为网络媒体在"精准投放"和"互动性强"上具有最大的比较优势。移动互联网胜过 PC 互联网。广告主比较认可电商广告的精准投放、效果

■ 2014年　■ 2015年预期　■ 2016年　■ 2017年　■ 2018年预期

图3-4-19　广告主网络媒体花费占比（%）

数据来源：CTR：《2018中国广告主营销趋势调查报告》。

可量化/积累、销售转化能力强等方面的能力。社会化媒体营销在互动性强、二次传播力、创意灵活方面具有较大优势。见图3-4-20。

	电视	纸媒	广播	传统户外	数字户外	PC互联网	移动互联网	OTT/IPTV	内容营销	体育营销	社会化媒体营销	电商广告
精准投放	4	13	24	13	23	48	60	31	25	38	34	52
互动性强	2	1	6	4	14	31	55	10	47	16	58	19
二次传播力	6	11	5	9	8	21	39	6	56	17	59	10
效果可量化/积累	14	4	8	9	12	33	31	14	16	9	20	38
创意灵活	7	6	8	8	25	40	53	19	64	16	55	19
覆盖广泛	72	18	39	29	31	44	64	23	13	13	23	21
投资回报率高	5	2	6	5	4	6	10	3	9	2	8	22
销售转化能力强	8	5	9	10	8	13	21	5	19	6	13	58
提升品牌形象	72	35	19	51	37	17	16	21	34	47	23	12
价格便宜	2	31	41	12	8	12	8	11	9	7	10	8
广告可见性强	42	16	7	60	40	18	27	27	9	8	12	17
广告干扰度低	9	18	28	24	18	4	7	26	12	7	8	5
说不清	4	19	12	7	11	2	2	22	3	16	2	1

图3-4-20　广告主认为各种营销方式的优势（%）

数据来源：CTR：《2018中国广告主营销趋势调查报告》。

2. 移动互联网的运用：不断增长，大V和公号是首选

基于移动互联网的各方面优势，广告主对移动互联网的选择率近年来也在不断上升，移动互联网的花费占互联网花费的比例从2014年的33%上升到2018年预期的63%。移动互联网花费的增长弥补了PC互联网花费的下降。见图3-4-21。

移动互联网广告选择类型方面，广告主最喜爱的移动端广告是大V和公众号软文，其次是信息流广告、APP开屏、广告关键字搜索、Banner、移动视频贴片广告。其中大V和公众号软文2018年预期选择

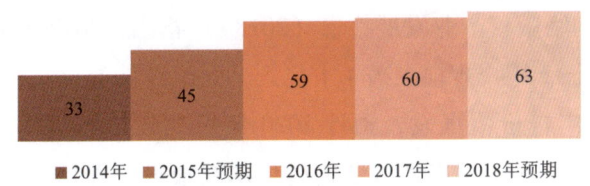

图 3-4-21　移动互联网占整体网络媒体费用的比例（%）

数据来源：CTR：《2018 中国广告主营销趋势调查报告》。

率超过六成，信息流广告选择率和 APP 开屏广告也均超过五成。见图 3-4-22。

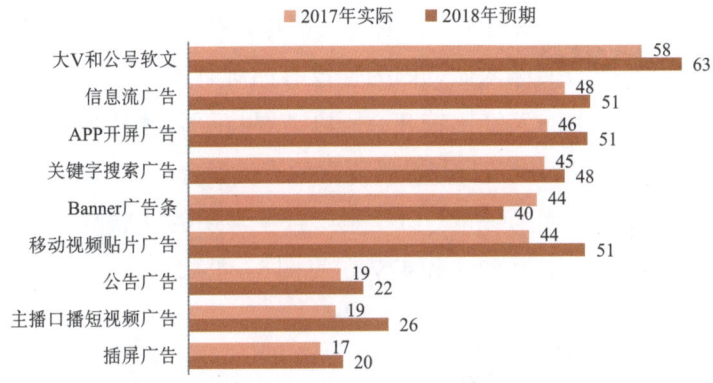

图 3-4-22　移动互联网广告选择类型（%）

数据来源：CTR：《2018 中国广告主营销趋势调查报告》。

随着公众号的诞生出现一批网络意见领袖，保留了一批稳定忠诚的阅读群体、动辄十万次以上的高阅读量提升了网络大 V 的营销价值。时尚大号"黎贝卡的异想世界"在二条推送了 MINI 最新限量版汽车的抢购，这是黎贝卡与 MINI 官方的一次品牌联名合作。文章推送后，4 分钟内 100 台售价 28.5 万元的 MINI 汽车全部售空，50 分钟后，所有订单全部完成付款。①

---

① 4 分钟 100 台宝马 MINI 瞬间抢空，450 万人的"买买买教主"黎贝卡说，除了贩卖流量，新媒体变现的玩法还有很多，2017 年 7 月 24 日，http://www.sohu.com/a/159700315_652756

《中国网络版权产业发展报告（2018）》指出，2017年短视频产业实现迅猛增长，用户规模突破4.1亿人，同比增长115%。短视频市场用户流量与广告价值爆发，预计2020年短视频市场规模将超350亿元。① CTR《2018中国广告主营销趋势调查报告》显示，在2017年短视频广告风口的推动下，主播口播短视频广告预期2018年有7个百分点的上升，预期选择率为26%。近两年，短视频平台吸引了很多流量，观看和制作短视频在年轻人中形成了一种潮流。但一些短视频内容低俗、影响社会价值观，造成了不良影响。2018年4月国家网信办依法约谈了几家短视频平台负责人，并责令其全面整改。短视频要想有持续的发展动力，一定要对平台内容有所筛选，把优质内容推送给大众。广告主认为主播需要深入做，因为他没有品牌背书，不一定是头部资源，但是在平台上的人气比较旺，所以需要将更多的品牌要素植入到他的节目里面去，实现节目与品牌要素的有机融合。

在购买方式方面，CPM、CPC是广告主常用的互联网广告投放购买方式，选择率分别为52%和47%。见图3-4-23。

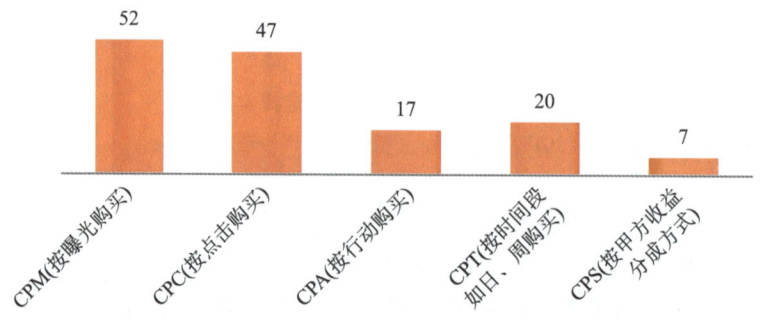

图3-4-23 互联网广告投放购买方式（%）

数据来源：CTR：《2018中国广告主营销趋势调查报告》。

---

① 我国网络版权产值突破6000亿元 短视频市场迎来爆发，中国网，2018年5月1日，http://media.china.com.cn/cmcy/2018-05-01/1259214.html

3. 其他互联网的运用：电商成为整合营销一部分，社交媒体叠加效应明显

电商广告。广告主比较认可电商广告的精准投放、效果可量化/积累、销售转化能力强等方面的优势。如有的广告主提到，2018年转型得比较彻底，工作中心都移到电商那块，具体可能围绕电商会做一些整合营销。数字媒体是企业主要选择的媒体，如何利用数据沉淀和营销结合，也是企业考虑的问题。

社会化媒体营销在互动性强、二次传播力、创意灵活方面有较大优势。广告主认为社交媒体的效果比较好，它是一个多级传播，可以产生叠加效应。

4. 互联网媒体的弊病：评估体系不完善，生态健康度需要提升

虽然广告主在不断加大对网络媒体的整体投入，但数字媒体的弊病一直没有解决。数据显示，超过六成的广告主认为数字媒体的效果评估体系目前很不完善，八成的广告主认为对全媒体传播效果的评估能力是企业选择数字媒体广告监测和效果评估服务商的重要依据。

企业不能评估在数字媒体上直接买广告位所带来的曝光的效果，也不能判定哪些媒体提供的哪些点击的数据的真伪。社交广告价格还是虚高，这几年效果不是特别明显，数据可信度比较低，评估体系不够健全，整个生态不是特别健康。

5. 其他营销手段的运用：内容营销使得传播更加立体，体育营销可以赋能品牌和产品品质

（1）内容营销：创意灵活和二次传播力是内容营销的两大重要优势

内容营销方式多样，有超过六成的广告主认为内容营销创意灵活，超过五成的广告主认为内容营销具有二次传播力。

当代社会媒体碎片化趋势增强导致消费者注意力碎片化，凸显出内容营销的重要性。好的内容往往能够深入消费者内心，优质内容成为低成本聚合消费者的有效手段。2017年好的内容营销层出不穷，网易云音乐杭州地铁站广告的扎心文案得到大量消费者的自主转发。

原因：①在信息爆炸的情况下，简单的"触达"往往并不能对消费者产生重大影响，此时靠内容进行"打动"就显得至关重要。因为这时消费者已经不再考虑产品用途了，更多的是为了表达个人喜好。②通过此方法消费者会对品牌有很好的认可度，内容上的传播比一个单纯的广告传播更加立体和丰富，肯定会使消费者对品牌的好感度有明显的提升。③企业没有足够的营销费用去投传统媒体，所以更注重高性价比的内容营销。④内容营销仍旧是大趋势，它和品牌内容分不同的层次触达。

（2）体育营销：提升品牌形象、精准投放、品质关联是广告主看重的优势

据国家体育总局预测，到2025年，中国体育产业的总规模将超过5万亿元，体育人口将高达5亿人，体育行业GDP将在国民经济中占比达到2%。2018年是体育大年，平昌冬奥会、俄罗斯世界杯、印尼雅加达亚运会等重大赛事的举办，将成为体育营销领域不可忽视的市场大年，也是中国企业布局体育营销的好机会。平昌冬奥会的赞助商行列中，有阿里巴巴和华为两个中国玩家，其中阿里巴巴拿下包括平昌冬奥会在内截至2028年的国际奥委会TOP赞助权益。随着大众对体育的重视，体育营销的价值也愈发凸显。2018体育营销市场规模预估将大幅提升，预计会由2016年的240亿元提高到2018年的380亿元。①

体育营销的优势：①47%的广告主认为体育营销的优势在于提升企业形象；②37%的广告主认为体育营销的优势在于精准投放。企业营销预算越多，越有能力在体育营销中选择自己想触达的圈层，因而更能体现其精准投放的优势；③体育营销也是产品品质的一种代言，和国际性的赛事做结合，由此关联到产品的品质。

如上所述，无论广告主如何运用传统媒体，如何运用新媒体，整

---

① 新意互动.2018体育营销课题研究报告，199IT，2018年1月5日，http://www.199it.com/archives/671909.html

合是不变的选择，大企业大手笔大考虑，小企业小手笔精打细算。他们通过自己对各类媒体的理性理解和运用，将营销预算的使用已经各自走向精细化、高效化、投入产出最大化。

（本文作者：毛继萍，央视市场研究战略发展部）

3.5 中国"代际"现象探索与营销应用

如今,80后、90后、00后……这些"代际"的概念已经被广泛应用。人们也大体从中理解了代际的含义。现在我们知道,代际现象和代际关系是社会与文化变迁的产物,也是人类社会发展的社会现象和客观过程。

在国际上,代际研究最早产生于美国。二战后的婴儿潮出现一个生育高峰,这首先是一个自然事实,当时社会也正处于急剧变革时期,因而产生了代际冲突的社会事实,1948年开始有人涉足代际研究,1970年形成经典的代际理论。

代际研究最早产生于社会学领域,之后逐渐扩展到人口学、文化人类学、经济学、营销学等领域。中国的代际研究起步比较晚,我们最早听到的代际概念是"80后",中国的代际研究是从20世纪90年代中后期开始的。中国的代际研究也是从社会学领域开始的,但很快就在营销实践中得到广泛的应用。当代际概念与市场细分、目标用户、产品定位等营销策略结合在一起时,代际划分又成为营销理论的重要内容。

中国从1950到2017年之间经济发展变化很巨大,在短短几十年中完成其他国家上百年走完的历程,技术浪潮兴起,人口几次大的变迁,所以这几十年的代际之间必然存在差异性,不是简单的代沟一词可以替代。

本文从中国代际变迁的深层原因出发,重点分析代际变化对消费变迁的影响和营销应用。

一、划分代际的出发点

代际理论中被普遍接受的"代"的定义为:具有共同的出生时代、年龄阶段,并在关键的成长阶段经历了重大人生事件的可识别群体。这就是说,重大的社会事件对处于不同年龄阶段群体的影响是有差异的,这种差异是产生代际差异的基础。代际的划分源于代沟(代差)的产生,当人口发生重大变动的时候,并且此时伴随有重大的社会历史现象,如战争、技术革命、政治、经济变革、文化复兴等,从而构成一代人的共同经验和文化价值时,代际的划分和代沟的出现便成为社会事实。

国外学者们对"代"的划分问题基本达成共识,主要采用"社会重大历史事件"的划分方法。即将代划分为"沉默一代"(1925—1945年出生的人)、"婴儿潮一代"(1946—1964年出生的人)、"X世代"(1965—1980年出生的人)、"Y世代"(1981年以后出生的人)四代,现在又有一个说法,将1995年以后出生的称为"Z世代"。

无论是心理学还是社会学研究,都认为虽然社会的演变在一定程度上会改变一个人的价值观,但是社会成年个体的基本价值观表现为孩提时代以及青少年时期形成的基本价值观。人们无论经历成功、失败、高兴、失意等等职场经历抑或情感经历,最终都会回到那个本源——自我内心。具有共同时代出生背景的群体可能有各种各样不同个性的成员,但是他们同时也证实了同一个世代的群体存在某种广泛的可识别的共同特征。

因此,我们参照国内外各种代际的划分方法,根据每个世代的消费者在少年和青年时期所经历的重大社会事件为基础来划分中国的代际群体。

为了研究的方便,我们又将三年以内发生的历史事件尽量向整年度靠合，因为我们认为在相对安定的社会环境前提下相差三岁之间的群体的差异性没有那么显著的差别。

如下，我们对1950—2017年的不同代际进行深入研究，包括代际划分、基于社会事实的代际差异、基于自然事实的代际共性特征等角度展开。我们应用央视市场研究的中国城市居民连续调查CNRS的数据进行分析，数据采用2005年、2010年、2017年三个时期进行对比。

我们参照社会常用概念，将中国的消费群做如下划分，分为5代，基本以10岁为一个世代（见表3-5-1）：

表3-5-1　　　　　　　　　中国的代际划分

代际划分	出生年份	政治经济文化环境	人口变迁
50—60代	1950—1969年	社会主义巩固建设一代（1950—1966年）婴儿潮一代、红旗下一代（1950—1960年）、计划经济	1952—1958年：生育率6% 1962—1970年：生育率6% 出生高峰
70代	1970—1979年	"文革"一代（1967—1978年）十年内乱、拨乱反正、计划经济	1970—1977年：生育率4% 出生高峰
80代	1980—1989年	改革开放一代（1979—1989年）改革开放、万元户、独生子女、外来文化、经济体制双轨制	1982—1991年：生育率2.4%
90代	1990—1999年	新生代市场经济导向、小康、技术变革、互联网、伴随互联网成长的第一代	
00代	2000—2009年（我们的研究人群最小为15岁，所以截止到2003年）	千禧一代市场经济、中等富裕、第一代移动互联网原住民、社交网络、社会化媒体	2005—2020年：生育率1.8%，逐年下降

注：世代更替水平，也就是指总和生育率达到2.1时，一个国家的人口会稳定下来，不增不减，00代已经进入人口衰减阶段。我们的研究人群最小年龄为15岁，所以2003年截止。

当然，用一个代际的概念，来掩盖和抹杀不同年代的个性特色是不可能的，但是又必须承认，有时候它确实是学术研究的一个有效手段。同一个代际的人群，总还是有大致相近和可以沟通的时代经验、历史记忆、教育背景等。

二、中国代际变迁的深层原因

新中国成立近70年来，影响人们成长并形成共同经验和文化价值观的最大社会事件无非是计划经济和改革开放。计划经济时代所形成的共同成长经历和共同价值观，使20世纪五六十年代出生的人形成具有共性的一代人。代差的产生是在改革开放之后，也就是最早的80后。我们重点分析改革开放以来代际差异产生的原因。

1. 独生子女政策带来的新增人口急剧减少

1980年国家开始全面实施独生子女政策，开启了一对夫妇只生育一个孩子的时代。独生子女政策的实施，有效地控制了人口过快增长，使人口生育率下降近一半。但是，独生子女制度使得80后一代成长的家庭环境和社会环境都发生了巨大的变化。在成长过程中，80后一代不同于50后、60后的代差逐渐显现出来，并日益明显，最终形成了80后这一新生的代群。

就人口变迁的影响来说，90后、00后可说是80后的延续，甚至家庭环境和社会环境的影响更大。但其他方面的成长环境变化影响叠加在独生子女的影响之中，使得90后、00后又形成了与80后的代差。

2. 经济高速增长带来的生活富裕程度快速提高

改革开放40年中国经济增长和人民生活富裕程度的提高举世瞩目，这40年的发展超过了中国历史的任何时代，也给新生一代的成长环境带来了天翻地覆的变化。

1980年中国人均GDP仅200美元左右，可以说人们的衣食温饱问题都没有完全解决。改革开放开启了经济快速增长的时代,到 1989 年中国人均 GDP 已经达到了 400 美元左右。2001 年中国人均 GDP 超过 1000 美元,2006 年突破 2000 美元,2008 年突破 3000 美元。这是中国经济发展的一个节点,标志着中国已经进入中等收入国家行列。[①] 到 2010 年中国人均 GDP 达到 4560 美元,2017 年已接近 9000 美元,中国进入了中等收入偏上国家。

在这期间人民的收入水平大幅提高,生活条件开始得到明显的改善,消费结构发生显著变化。从恩格尔系数可以看出消费结构的变化:1978 年中国居民家庭恩格尔系数为 60%,表明中国是贫困国家,温饱还没有解决;2003 年居民家庭恩格尔系数达到 40%,已经达到小康状态;2017 年全国居民家庭恩格尔系数为 29.39%,中国第一次进入联合国划分的 20% 至 30% 富足区间。这表明,20 世纪 80 年代以后,新生代在成长中基本不用顾虑衣食的问题了。而 20 世纪 90 年代开始进入中国住宅商品化时代,到新世纪,新生代的住房问题完全要依靠商品房去解决,住房消费成为新生代最为沉重的压力。进入 21 世纪后,汽车开始普及,汽车时代的到来,也促使新生代消费转型。更有之,家电的普及,时尚消费,健康消费的兴起等等,这些与以往同年龄段不同的消费结构,成为代差产生的经济基础。

3. 农村人口向城镇的快速迁移

在代际研究的文献中,很少见到分析城镇化进程对代际差异产生的影响。这是因为在发达国家城镇化的进程是一个较为漫长的过程,在这个过程中基本没有发生形成代际差异的"重大事件"。同时,当代际研究在 20 世纪中叶兴起的时候,发达国家城市化水平已经达到很高的阶段。如美国在 1920 年城市化水平就已经达到了 51.2%,1945 年则达到了 58.5%。1950 年主要发达国家的城市化率都超过了

---

① 按世界银行公布的数据,2015 年的最新收入分组标准为:人均国民总收入低于 1045 美元为低收入国家,在 1045 至 4125 美元之间为中等偏下收入国家,在 4126 至 12735 美元之间为中等偏上收入国家,高于 12736 美元为高收入国家。

50%，最高的英国已经达到了79.8%。而中国1950年的城市化率仅为11.2%。

改革开放以来中国的城镇化率急速提高。1980年中国城镇化率仅为19.4%，到2017年已经提高到58.5%。城镇化率的提高意味着经济的增长和产业结构变化，在这个过程中大批农业人口转变为城镇人口是客观事实。但是，为什么在中国城镇化进程会成为代际差异的一个重要原因呢？这是因为中国的城镇化进程速度太快了，从1950年到1980年的30年间，中国城镇化率只提高了8.2个百分点，而1980年到2017年的38年间，中国的城镇化率大幅提升了39.1个百分点。这一速度远远超过了发达国家。

如此快速的城镇化速度意味着大批农村人口只通过一两代人就完成了"身份"的转变，而在发达国家往往需要几代人才能够实现。更重要的是，快速的城镇化进程意味着现时的城镇人口中有超过一半原来是农村人口。在中国，"进城"在人的成长过程中不能不说是一个巨大的转变，是影响人生的"重大事件"。当这种转变成为众多人口的普遍事件时，就成为社会的"重大事件"了。

4. 科技革命带来成长环境快速变化

我们无从考证蒸汽技术革命、电力技术革命给代际差异带来的影响，但却可以体会到信息技术革命，特别是互联网的快速发展给代际差异带来的影响。如果说蒸汽技术革命改变的是"人类使用工具"的方式，电力技术革命改变的是"人类使用能源"的方式，那么信息技术革命改变的则是"人类与世界连接"的方式。

人类连接方式的改变不仅改变了人与人的连接方式，也改变了人与物的连接方式，从而改变了人的生活方式。在这其中，对代际差异影响最大的莫过于互联网的发展。1987年9月，中、德两国学者在北京联手起草了一封电子邮件"越过长城，走向世界"，成为中国走向互联网时代第一步的标志。1990年11月28日，中国注册了自己的国际顶级域名CN，从此开通了使用中国顶级域名CN的国际电子邮件服务。

1994年4月20日,"NCFC工程"通过美国Sprint公司连入Internet的64K国际专线开通,实现了与Internet的全功能连接,中国从此被国际上正式承认为真正拥有全功能Internet的国家。

20世纪末本世纪初,中国互联网进入快速发展阶段,普及率迅速提高进入人们的生活领域。根据中国互联网络信息中心发布的数据,1999年中国网民仅890万人,到2000年就发展到了2250万人。而在移动互联网领域,2009年开启3G时代之后仅仅5年就发展到4G时代,应运而生的智能手机在2013年到2015年迎来了换代高峰。移动互联网迅速成为互联网的主力。

而互联网和移动互联网发展的过程,恰恰是80后、90后和00后人生最重要的成长过程。当一代人的成长面临着全新的连接方式和生活方式时,"互联网一代"、"互联网原住民一代"成为新生代的重要标志。

综上所述,中国代际产生的主要社会经济条件:一是独生子女政策带来的人口出生率急剧下降,家庭结构发生变化;二是经济高速增长带来生活富裕程度快速提高;三是城市化水平快速提升,大批农村人口身份转变;四是互联网快速普及。这四个条件几乎同时发生,而且都是快速发展才促使了中国代际的形成。代际形成条件变化越快,代际的差异的形成也越快、越明显,这也使得这一时期中国代际的间隔年度远远少于国外代际的间隔年度。

三、横向代际差异

美国学者戴维·L. 德克尔指出,对同一个体经历不同时空即处于青年、中年和老年的对比研究属于"纵贯研究",而对生存在同一时空的不同代的比较研究则属于"横剖研究"。在代际研究中,横向代际差异的研究也是最常见的、最主要研究内容,代际的差异就是通过横向研究体现出来的。

我国改革开放 40 年为居民带来巨大的物质和财富红利，生活水平大幅提升，物质丰富，各种生活状况得到改善，互联网技术的广泛应用，尤其是移动互联网的快速发展，更加丰富了人们的消费行为。

我们通过研究对比近 12 年的变化，从 2005 年到 2017 年 12 年间，居民个人和家庭收入得到快速增长，其中，个人平均收入增长 5.4 倍，家庭平均收入增长 5.3 倍。差不多每 5 年，个人收入增长 1.1—1.4 倍，家庭收入增长 1.2—1.3 倍。

在这种社会变迁的大背景下，不同年龄段的人由于时代不同、际遇不同，存在代际差异性。

我们先来看一下在中国飞速发展的 40 年里不同成长的代际人群之间的差异，即由于历史际遇的不同，他们体现出哪些不同的属性或差异。在此部分我们主要采用 2017 年数据，从收入、吃、住、行、保险、休闲、价值观等方面展开研究。

1. 50—60 后，49—58 岁，中老年，保守重节俭

60 后的成长期处于中国传统文化占主要优势的计划经济时代，不是最坏的时代也不算是最好的时代。目前他们的平均收入水平低于比他们年轻的 70 和 80 后，甚至也低于刚刚走上工作岗位没多久的下一代的 90 后。收入的差距在 12 年前还不明显，12 年后的今天则明显拉开了距离。

他们也是幸运的一代，普遍拥有自住房，居有定所，住房支出压力也最低。从 CTR 监测的几项开支情况来看，日常开支最多的是食品支出，为后代的教育投入相对也不少。出行多使用绿色出行。他们较少购买保险，保险意识偏弱。

他们的触媒习惯以电视为主，也有阅读报纸的习惯。

他们普遍保守、节俭，按部就班，观念陈旧，较少接受新事物如网购、在线支付等，也较少娱乐，较传统的营销传播方式比较适合于他们。见表 3-5-3。

表 3-5-2　　　　　　　　不同代际的收入差异

年份	收入	平均月收入（元）						与60后相比倍数			
		总体	00后	90后	80后	70后	50—60后	00后	90后	80后	70后
2017	家庭月收入	14262	10924	14664	17245	15195	10767	1.01	1.36	1.60	1.41
2010		6192	4951	4951	6443	7174	5946	0.83	0.83	1.08	1.21
2005		2716		2596	2657	3191	2584		1.00	1.03	1.23
2017	个人月收入	6826	867	6332	8909	7984	4688	0.18	1.35	1.90	1.70
2010		2774	192	819	2951	3751	2749	0.07	0.30	1.07	1.36
2005		1264		124	973	1725	1293		0.10	0.75	1.33

数据来源：CNRS-TGI 中国城市居民调查 2005 年、2010 年、2017 年。

2. 70 后，39-48 岁，中青年，实力重品质

70 后成长期是计划经济向市场经济的转型时期，算是幸运的一代。10 年前他们是收入最高的群体，虽然现在收入不一定比得上更年轻的 80 后，但这代人在事业上已经有了一定的基础和社会地位，事业和家庭稳定。

他们普遍拥有自住房，居有定所，住房支出压力不算太高。从 CTR 监测的几项开支情况来看，日常开支最多的是食品支出，重视孩子，为孩子舍得投入，不仅关注孩子的各种消费品品质，在子女教育方面相比其他群体投入最高。他们是最早拥有汽车的人群，大多喜欢汽车。他们购买保险，保险意识强。

他们追求高品质的消费，重视身体康健。比较依赖互联网，也非常喜欢网购。见表 3-5-3。

低调且品质化的营销传播适合他们。

3. 80 后，29—38 岁，青年，物质重消费

80 后是改革开放后出生的第一代，是幸福的一代，然而也是不幸的一代，他们在温室里长大，生长在物质较为丰裕的年代，出国留学潮起始于他们这一代。年轻人随着职场经验的积累，收入增长幅度随着阅历增加增幅最高，逐渐成为企业的中坚力量、社会的中流砥柱。他们已经成为收入最高的群体，可以 PK70 后和 60 后。

他们当中8成的人拥有自住房，近7年普遍购买了住房，但赶上房价不低的时候入手，住房支出压力相对较大。从CTR监测的几项开支情况来看，日常开支最多的同样是食品支出，喜欢购买进口食品；他们在休闲娱乐（如国外旅游、看电影）和日常用品上（如为了更好看）的开支相对其他代际人群最多。他们拥有汽车的比例最高，大多喜欢汽车。他们购买保险的比例也最高，保险意识最强。

他们更加网络化，充分依赖互联网进行网购和社交。他们比较国际化，喜欢进口食品、喜欢国外旅游。他们比较时尚化，喜欢追新求新，女性更会美化自己。他们比较主动，不喜欢被中规中矩地约束。见表3-5-3。

上述一切充分印证了魏敏菁和黄沛（2007）的研究发现，80后不仅具有鲜明的时代特色，还富有典型的"I"生代的独特个性，即强自我、国际化（International）、影响力（Impact）、主动性（Initiative）和网络化（Internet）。

现实又前沿的营销传播适合他们。

4. 90后，19—28岁，青壮年，尝新重行动

90后出生在改革开放时期，同时也是信息爆炸的时期，可以说90后是信息时代的优先体验者，尤其他们赶上了移动互联飞速发展的时代，他们算是无忧无虑的一代。他们由于部分还在读书吸取知识阶段，或者刚刚走上工作岗位没多久，但是，有个人收入的已经超越了他们的父母辈，开始慢慢积累职业和人生自信。

他们当中7.7成的人拥有自住房，住房支出和租房压力相对较大。从CTR监测的几项开支情况来看，日常开支与90后和80后最接近，但是90后在日常用品上开支相比80后要克制，因为收入的限制。他们的其他意识还比较弱，如储蓄、保险等意识。和80后一样，他们也最喜欢叫外卖。

他们具有很多与80后相似的特征，如更加网络化，充分依赖互联网进行网购和社交。但是，他们又有自己鲜明的特色。目前我们的研究设计当中这些生活形态语句对他们似乎不太适用,价值观认可程度普遍低于平均值,也间接说明了他们自己的独特性。

从目前他们认可的观点排序来看,他们比较冲动,最喜欢尝试新鲜事物,不管是否有营养或对身体有害,较为情绪化和性格外露,我行我素。他们接受广告,易受广告诱惑。他们消费时尚化,喜欢个性化,也喜欢一些小东西,也喜欢改装东西,制造流行。他们也喜欢拼搏,希望有一天自己可以创业。见表3-5-3。

直接高调的营销传播适合他们。

5. 00后,9—18岁,青少年,纯真重努力

由于调查最小年龄为15岁,所以,00后只能研究15—18岁人群,样本量相对其他年龄段最少,但是符合统计学意义上的可分析样本量。

这一代人受父母影响,价值观还不确定,但比较现实。努力上进,追求挑战和变化,喜欢新科技。由于经济上还没有独立,还谈不上有什么消费能力,所以消费支出最少。可能由于上学期间为了节约,他们最喜欢快餐。见表3-5-3。

他们没有太多时间上网和网购,较少接受广告。

表3-5-3　　　　　　价值观差异汇总表

50—60后价值观	70后价值观	80后价值观	90后价值观	00后价值观
离不开电视	离不开网络	依赖网络	依赖网络	依赖网络
手机只用基本功能	喜欢网购	喜欢网购	喜欢网络社交	女生喜欢天然
现金付账	关注品牌和质量	喜欢网络社交	喜欢网购	喜欢尝试新品
用品更新慢	喜欢旅游、休闲	重视孩子用品质量	喜欢电影	懂得为将来努力
按部就班	汽车是一种身份	舍得花钱	喜欢新产品	追求挑战和变化
居家	保险意识强	喜欢国外游和国外食品	接收网络移动广告	不太在乎节俭
较少依赖网络	健康意识强	主动接收广告	情绪化易冲动	追逐科技潮流

续表

50—60后价值观	70后价值观	80后价值观	90后价值观	00后价值观
较少网购	善于理财	喜欢追新求新	独特、个性	无太多时间上网
		喜欢化妆	自己创造时尚	广告接受度较低
		不喜欢中规中矩	喜欢冒险、拼搏	

数据来源：CNRS – TGI 中国城市居民调查 2017 年 36 城市总体。

根据双均值计算的指数结果提取的最认同和最不认同的观点罗列，基于 230 个观点句子中选取靠前的态度观点进行提炼。

四、代际纵贯研究的共同属性

我们认为，虽然由于历史、经济等环境的社会性变化导致在同一时空下代际各代之间存在差异，然而，如果贯穿一个人的生命轨迹，我们发现在不同时空下，代际之间，源于自然事实，实际存在共同的规律性，比如该上班时上班，该结婚时结婚，该生子时生子，该退休时退休，该养老时养老。也就是说，代际的代之间实际纵向差异不明显。

我们可以用 3 个时期的数据去对比不同年代同样年龄段人群的消费行为。见表 3 – 5 – 4。

表 3 – 5 – 4　　　　　　　　　代际年龄对比表

	2005 年		2010 年		2017 年	
中老年					50—60 代	48—67 岁
中青年	50—60 代	36—55 岁	50—60 代	41—60 岁	70 代	38—47 岁
青年	70 代	26—35 岁	70 代	31—40 岁	80 代	28—37 岁
青壮年	80 代	16—25 岁	80 代	21—30 岁	90 代	18—27 岁
青少年			90 代	16—20 岁	00 代	15—17 岁
少年	90 代	15 岁	00 代	15 岁		

以上不同代际群体特征的数据分析显示，尽管代际存在差异，但

却存在具有共性的人生轨迹特征：

第一，年轻人总是最拼搏，作为社会中流砥柱收入最高。无论什么年代，在一个人的生命周期中，正当年的青年时代（26-40岁）总是各时代中收入最高的人群。10年前正当年的70后收入最高，现在正当年的80后收入最高。见表3-5-5和图3-5-1。

第二，人们的基本食品消费支出稳定，不论年轻人、中年人还是老年人。但是随着恩格尔系数的逐年下降，食品支出在高收入代际群体中反而略有下降。见图3-5-2和图3-5-3。

第三，相对年轻的一代人住房支出最高，人们步入中老年，则减少了居住支出。但是住房的消费压力明显提前，更年轻的人群比上一代人更早地拥有了住房，支出比例大幅上升。比如90后他们一走上工作岗位就开始置产，不像70后有了一定积累才开始置产。见图3-5-2和图3-5-4。

第四，中国人普遍舍得为孩子的教育投入更多，教育支出基本没有代际间差异，年轻人为自己投入，父母为幼儿投入，中年父母为高等教育投入，几乎成为家庭中的稳定必须支出。但是，青年和青壮年人群更加重视文化教育上的投入，说明中青年为幼儿、青壮年为自己充电学习的进取心和意识在提高。见图3-5-2和图3-5-5。

第五，年轻人更愿意花钱去休闲娱乐，这是每代人都一样的特征。随着恩格尔系数的下降，更年轻的有经济实力的群体在休闲娱乐和日用品方面的消费支出自然大幅增加，尤其是青壮年、青年和中青年。见图3-5-2和图3-5-6和图3-5-7。

第六，汽车已经作为基本的交通工具，有实力年轻人的汽车拥有率更高，在青年人中比以往更普及一些。见图3-5-8。

第七，保险本来是人们步入老年必然考虑的需求，以前的中老年人缺乏保险意识，已经错过了入保年龄，但是，新时代的中青年和青年都普遍具有保险意识，重视保险，他们的保险投入最大。见图3-5-9。

表 3–5–5　　　　　　　个人月收入对比表　　　　　　　单位：元

	2005 年		2010 年		2017 年	
中老年					48–67 岁	4688
中青年	36–55 岁	1293	41–60 岁	2749	38–47 岁	7984
青年	26–35 岁	1725	31–40 岁	3751	28–37 岁	8909
青壮年	16–25 岁	973	21–30 岁	2951	18–27 岁	6332
青少年			16–20 岁	819	15–17 岁	867
少年	15 岁	124	15 岁	192		
青年 VS 中青年	1.33 倍		1.36 倍		1.12 倍	

数据来源：CNRS – TGI 中国城市居民调查 2005 年、2010 年、2017 年。

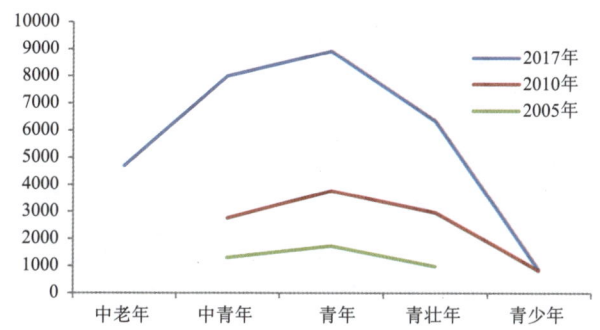

图 3–5–1　个人月收入比较（元）

数据来源：CNRS – TGI 中国城市居民调查 2005 年、2010 年、2017 年。

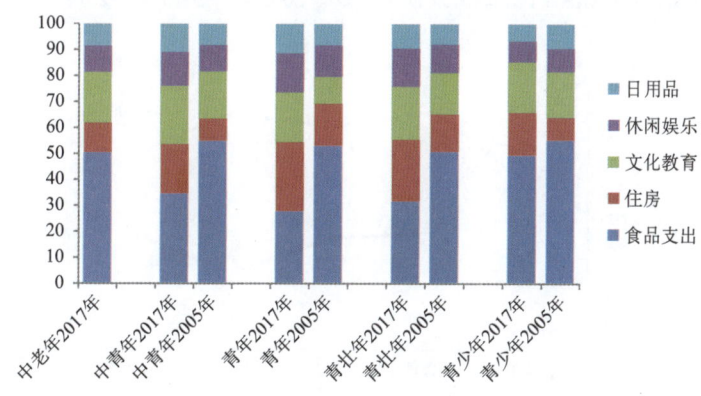

图 3–5–2　家庭各项消费支出比例（%）

数据来源：CNRS – TGI 中国城市居民调查 2005 年、2017 年。

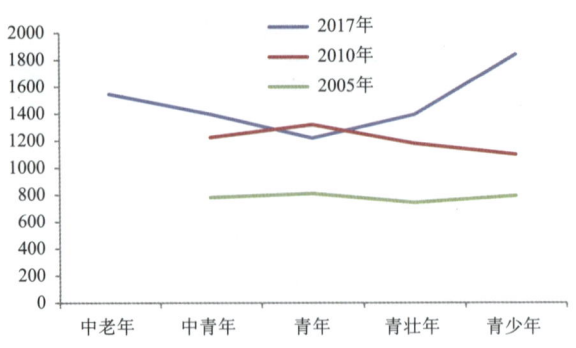

图 3-5-3　家庭食品月均支出（元）

数据来源：CNRS-TGI 中国城市居民调查 2005 年、2010 年、2017 年。

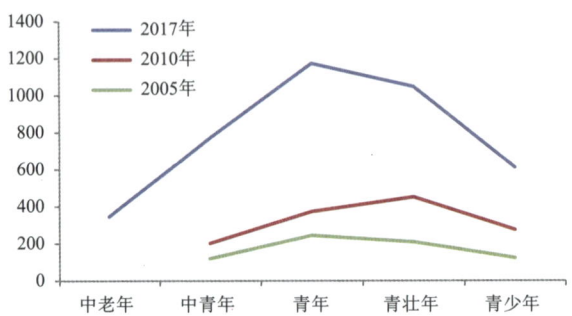

图 3-5-4　家庭住房月均支出（元）

数据来源：CNRS-TGI 中国城市居民调查 2005 年、2010 年、2017 年。

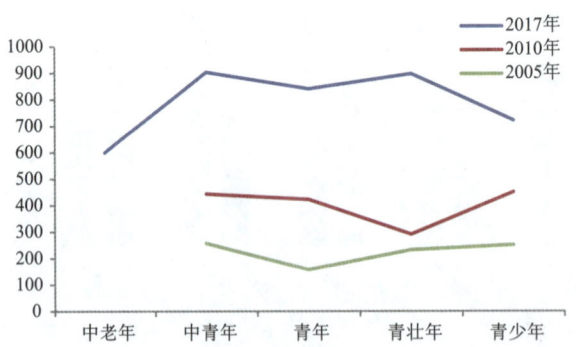

图 3-5-5　家庭文化教育月均支出（元）

数据来源：CNRS-TGI 中国城市居民调查 2005 年、2010 年、2017 年。

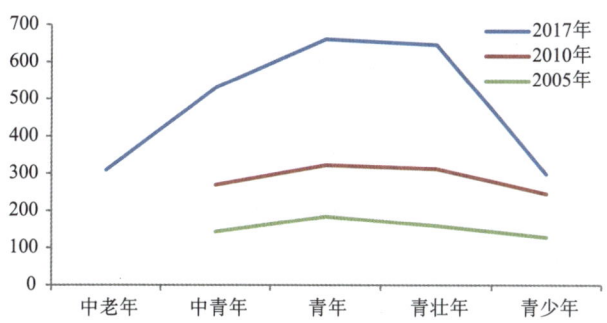

图 3-5-6　家庭休闲娱乐月均支出（元）

数据来源：CNRS–TGI 中国城市居民调查 2005 年、2010 年、2017 年。

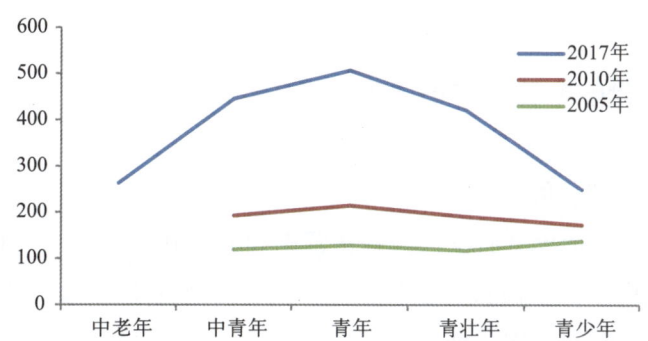

图 3-5-7　家庭日用品月均支出（元）

数据来源：CNRS–TGI 中国城市居民调查 2005 年、2010 年、2017 年。

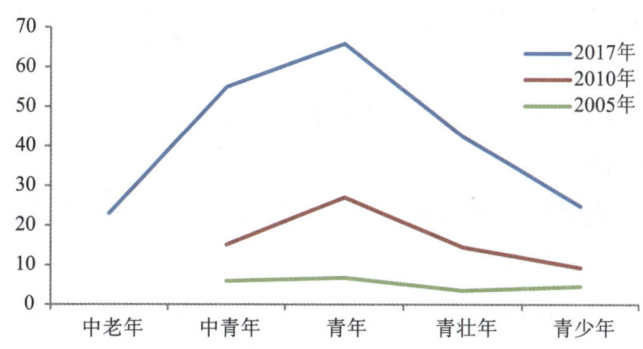

图 3-5-8　家庭汽车拥有率（%）

数据来源：CNRS–TGI 中国城市居民调查 2005 年、2010 年、2017 年。

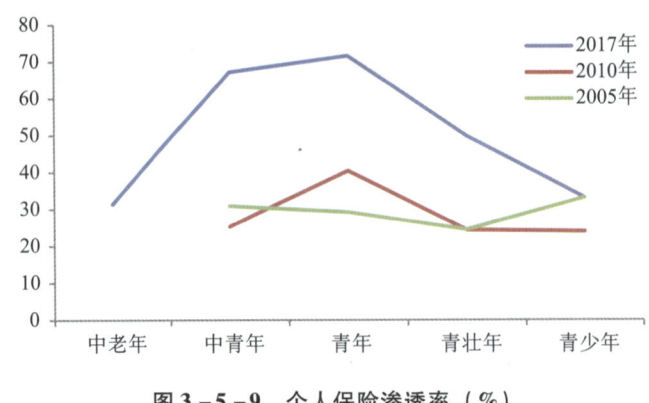

图 3-5-9 个人保险渗透率（%）

数据来源：CNRS-TGI 中国城市居民调查 2005 年、2010 年、2017 年。

五、代际差异的营销应用和未来判断

1. 代际差异的营销应用

中国代际形成之后，很快就在营销领域受到关注并加以利用。这是因为生产细分或消费者细分本来就是营销理论和实践的基本内容，代际理论与营销应用顺理成章地结合在了一起。但是，我们看到营销界在将代际理论应用于营销时，时常出现一些简单化和误读的倾向。

代际的划分是由于同一出生时代、相同年龄阶段的群体，在关键的成长阶段经历了重大人生事件而产生的共同经验和文化价值观的可识别群体。这些带有共同属性的群体在生活方式、消费形态上必定有着共同的特征，这对于市场细分具有重要意义。这也是代际划分应用于营销的基础。

但是，代际只是市场细分的一个维度，过于简单地将 80 后、90 后、00 后等应用于市场细分，就有可能迷失了方向。这是因为，这些代际虽然有着共同的特征，但也有着千差万别的个性化倾向，仅仅以代际是不足以清晰地进行市场细分的。因此，过于强调代际，就极易模糊了真正的细分市场。

2. 代际纵向差异的营销应用

在代际差异的影响应用中，多是以代际的横向差异来做群体细分，很少应用代际纵向差异的营销价值。其实，从纵向看一个人的生命轨迹，同样有着明显的代际差异。这就是人生在不同阶段的差异。人生一般都会经历过几个具有共同性的阶段，从出生到20岁出头的成长阶段，从进入职场到成家立业的事业阶段，中年之后的成熟阶段，退出职业的老龄阶段。

从收入和消费来看，成长阶段没有收入或收入较低，但消费却不低；进入职场后收入快速增长，消费也快速增长，尤其是成家之后，消费更是急剧增长。因此，儿童、少年、青年和新家庭形成了巨大的消费市场，甚至成为市场的主体。例如，美国"婴儿潮一代"占总人口的28%，但收入却占总收入的50%以上。但是人生进入中年以后（大约40岁之后），往往开始重新思考工作的目标和价值，在消费方面更加稳定和理智，一方面开始推出市场的消费主力位置，一方面逐渐开始转入养老准备消费。而老年阶段退出了职场，依靠养老金和前期养老准备的积蓄，开启了老年生活和老年市场。

这种人生阶段的消费特征具有普遍的规律性，它也是横向代际随着年龄的增长必经的共同纵向差异，同样是市场营销中不可忽视的群体细分。

3. 代际差异的未来判断

我们认为，随着我国经济开始进入L型低速稳定增长期，未来几十年代际差异的周期也许将会延长。

由于未来数据还无法取得，仅根据中国经济发展趋势判断，我们认为未来几十年中国将进入平稳发展时期，也就是政治、经济都过渡到相对稳定的时期。在这样的背景下，由于没有重大社会变革和经济变革的影响，如果人们生活稳定，物价平稳，那么将出现无明显的代际差异。我们前面以10岁为一个年龄段划分了代际，未来的社会表现也许将呈现20—30岁的年龄段代际差异。

人们对代际研究的重视也会随之降低或弱化，无论企业生产商品还是进行营销策划，将不以年龄为出发点的代际为区隔，将更加重视对市场进行其他维度的垂直划分，去重点关注相对更小众市场的营销攻略，回归到对人的本我的研究，对人的内在需求的研究，比如关注阶层、原生家庭、人格、小的区域市场、圈子等等。

（本文作者：姚林，央视市场研究资深研究顾问；毛继萍，央视市场研究战略发展部）

3.6

线上、线下混合访问的新型市场调查方法研究

市场调查行业传统的调查方式，特别是入户调查由于严格遵循概率原则能够实现总体推断，但是这种线下调查方式难度大、周期长、成本高。而新兴的网络访问固定样本调查，能够快速、高效地采集大量、多样性的样本，但却面临着非概率样本难以进行统计推断的挑战。因此，我们将重点利用基于倾向得分匹配的样本匹配法从网络访问固定样本中抽取与线下概率样本相匹配的样本，并且与线下概率样本结合为一个样本，共同完成市场调查项目。

本文旨在论证通过样本匹配法选取的匹配样本可在一定程度上近似线下概率样本，即网络访问固定样本与线下样本相混合在统计调查中的可应用性。针对不同类型的调查结果采用独立样本t检验、卡方检验、多元统计轮廓分析、威尔克森符号秩检验等方法，检验线上匹配样本、线下概率样本的调查结果间是否存在显著性差异。结果表明，基于倾向得分匹配的样本近似线下概率样本，匹配样本的调查结果近似线下概率样本的调查结果。由此说明，网络访问固定样本可以与线下概率样本相混合，近似地替代完全的线下概率样本调查。此方法充分利用了线下概率样本的信息，不仅能够高效率、低成本地共同完成市场调查项目，而且能够解决调查结果推断总体的问题。因此其在某些调查实践中具有实际可应用价值，可以进行尝试及推广。本文以电视节目受众满意度、电视品牌研究、广告效果评估、消费者研究、媒

介接触习惯研究等具体项目为例进行了方法论证。

一、引言

传统的市场调查方法包括遵循概率抽样的入户调查、非概率抽样的定点拦截、流动街访等，属于线下调查的方式。随着网络的快速发展和计算机的极大普及，出现了与之对应的一种新型的依靠网络访问固定样本的线上调查方式。网络访问固定样本是基于自愿原则招募而来的愿意完成网络调查的网络访问人群，这就意味着存在一个潜在的受访者的样本数据库。在未来的数据收集中，如果被选择为调查对象，他们将愿意配合完成调查。

线下调查特别是入户调查，严格遵循概率抽样原则，抽样样本对调查总体具有代表性，但是执行难度却与日俱增，这种调查方式往往会消耗较大的人力、财力和时间成本。而新兴的线上调查却有着其突出的优势，该方法极大地节约了时间和财力，能快速获取大量且多样的样本。由于其在节约时间、操作便捷、成本低廉方面的优势，在实际市场调查中得到越来越广泛的应用。但是，网络访问固定样本本质上是非概率样本，样本单元的入样概率（相对于更大的目标总体）未知，无法使用传统的抽样推断理论进行统计推断。那么，如何在保障调查抽样可以推断总体的基础上，充分利用网络访问固定样本的调查优势，拓展其在市场调查中的应用，是我们目前面临的挑战和亟待解决的问题。

对此，我们将尝试线上调查与线下调查相混合的方式，充分利用非概率样本与概率样本的信息，将从网络访问固定样本中抽取的样本与概率样本结合为一个样本，既要保证抽样对调查总体的代表性，又要降低执行难度，保证调查效率。本文提出利用线上样本依照线下随机样本进行样本背景还原和样本匹配两种方法将线上、线下样本有效混合。首先，样本背景还原是指，我们将线上、线下样本结构（通常是不同年龄、性别的比例）还原一致。实际操作中，我们主要采用配额抽样的方式使线上样本与线下概率样本混合共同完成调查。样本匹配的方法是指，从目标总体抽样框（包括一系列辅助变量）中抽取一个随机样本，根据辅助变量信息，采取一定的匹配方法，本文采用倾向得分匹配，从网络访问固定样本中选择与随机样本相匹配的样本，对匹配样本进行调查并获取相关数据，最后利用匹配样本和线下随机样本共同实现对总体的推断，即进行线上、线下样本的有效混合访问。本文着重论证样本匹配方法在线上、线下混合访问中的可行性和合理性。

二、研究综述

解决非概率抽样推断总体的一种方法就是样本匹配。样本匹配多年来一直被用于观察性研究中，主要目的是根据一个或多个协变量找到与处理组相匹配（近似）的对照组，从而减少处理效应估计的偏差，目前已被提倡用于网络访问固定样本的相关调查中。

Rivers 在 2006 年提出了可使用样本匹配从网络访问固定样本中抽取代表性样本。Vavreck 和 Rivers 在 2008 年采用了这种方法，他们首先从公布的美国社区调查文档中抽取了一个 38000 人的随机样本，并对每个随机样本单元从网络访问固定样本中找到了最近（使用了一个距离函数来定义）的匹配单元，并利用匹配单元的调查数据来估计总体。Eggers 和 Drake（2011）提出了一种频数匹配方法，他们称之为动态配额基于单元的样本匹配，是以美国综合社会调查数据作为目标分布计算的依据，并从固定样本中选取了一个匹配样本，使其在频数上与综合社会调查的变量分布相匹配，最后利用匹配样本的调查数据进行估计。Terhanian 和 Bremer（2012）基于平行调查（一个随机数字拨号电话调查和一个网络访问固定样本调查）使用倾向得分来选择匹配样本。

相对于直接基于协变量的匹配来说，倾向得分匹配提供了一种有效的解决混杂偏倚的办法，即通过匹配，使处理组和对照组间的不均衡性达到最小甚至完全消除。目前倾向得分匹配的应用越来越流行，在医学、心理学和社会学以及其他一些领域被广泛应用。倾向得分匹配具有将匹配的维度降为一维的优点，极大地简化了匹配的过程，受到广泛的应用。事实上，倾向得分匹配目前已被引入非概率调查的匹配抽样之中（Rivers，2007；Terhanian & Bremer，2012）。

三、线上、线下混合访问方法

网络访问固定样本呈现年龄段集中、高学历、高收入的特点，与网络总体、人口总体均存在着显著的结构性差异。如果直接利用随机抽样的方法抽取样本来取代线下样本或与其混合完成调查过程，以及推断总体，势必会造成严重的系统性误差，导致调查结果存在较大程度的偏误。所以我们将尝试利用1. 样本背景还原；2. 样本匹配两种方法实现线上样本与线下样本混合。本文重点介绍样本匹配法。

1. 基于样本背景还原的线上、线下混合访问

所谓样本背景还原，就是将线上样本依照线下概率样本结构（或总体结构）进行配额抽样。市场调查中通常按性别、年龄或性别、年龄交叉进行配额抽样。网络访问固定样本进行配额抽样后的样本结构与线下大体类似，进而和线下概率样本混合，共同完成调查项目。该种抽样方法效率较高、简单易行。

2. 基于倾向得分匹配的样本匹配方法

样本匹配的基本思想是，首先从抽样框（包含一系列的协变量）中抽取一个概率样本，其中目标总体单元个数为 N，样本量为 n，每个单元 i 都有一个目标变量 Y_i 和一些协变量组成的向量 $X_i = (X_{i1}, X_{i2}, \cdots, X_{ip})$，$i = 1, \cdots, n$，$p$ 为协变量的个数，称这个样本为目标样本，得到的样本是概率样本，可对总体进行推断。寻找网络访问固定样本（包含了与抽样框相同的一系列协变量）中与目标样本对象相似（近）

的单元，称为匹配单元，匹配单元的集合称为匹配样本，邀请匹配样本单元完成调查。

作者在这里重点研究基于倾向得分匹配（Propensity Score Matching, PSM）的样本选择，倾向得分为在给定协变量 X_i 的条件下，个体 i 接受处理的条件概率。假设是否接受处理为 D_i（接受处理，$D_i = 1$；否则 $D_i = 0$），则第 i 个单元的倾向得分定义为：$p(X_i) = P(D_i = 1 | X_i)$。根据倾向得分来进行匹配的方法就是倾向得分匹配（Propensity Score Matching, PSM）。这里，所谓的匹配就是假设个体 i 属于处理组，找到属于对照组的某个体 j，使得个体 j 与个体 i 的协变量或倾向得分取值尽可能相似，即 $X_i \gg X_j$ 或 $p(X_i) \gg p(X_j)$。这里，在寻找网络访问固定样本中与目标样本对象相似（近）的单元，如果单元 i 在目标样本中，则 $D_i = 1$（相当于接受处理），否则 $D_i = 0$，在本文中 $D_i = 0$ 表示单元 i 在网络访问固定样本中。倾向得分匹配方法具体步骤如下：

（1）估计倾向得分

倾向得分常常需要估计。在估计 $P(X_i) = P(D_i = 1 | X_i)$ 时，可使用参数估计（probit 或 logit）或非参数估计的方法，logit 函数是最常用的连接函数之一，即将示性变量（D）作为因变量，单元的协向量 X 作为解释变量建立 Logistic 回归模型。具体地，假设 X_i 都经过中心化变换，有：

$$\log\left(\frac{p(X_i)}{1-p(X_i)}\right) = X_i\beta' \qquad \beta = (\beta_1, \beta_2, \cdots, \beta_p) \qquad (3.1)$$

由式（1）可得：

$$\hat{p}(X_i) = \frac{\exp(X_i\beta')}{1 + \exp(X_i\beta')} \qquad (3.2)$$

其中 $0 \leq \hat{p}(X_i) \leq 1$。采用倾向得分可将多个协变量降为一个概率值，大大简化计算。

（2）匹配样本的选择

当选择匹配样本时，对目标样本的每个单元，有必要在网络访问固定样本中找到最近的匹配单元，可以采用一些匹配方法，方法之一就是最近邻匹配。最近邻匹配（Nearest Neighbor Matching，NNM）包括单一无放回最近邻匹配、单一有放回最近邻匹配和多重最近邻匹配，本文主要采取单一无放回最近邻匹配。设集合

$$C(X_i) = \min_j \| X_i - X_j \|, j \in I_0 = \{D = 0\} \quad (3.3)$$

为目标样本（$D=1$）中每个单元i的一个邻域，是一个范数，如1-范数、2-范数、∞-范数等。单一无放回最近邻匹配就是将与X_i最近的X_j对应的一个网络访问固定样本单元（$D_j=0$）选择为匹配单元，且该匹配单元仅能匹配一个目标样本单元。单一有放回最近邻匹配与单一无放回最近邻匹配的不同之处就是，前者允许给定的网络访问固定样本单元（$D_j=0$）能匹配到不止一个目标样本单元（$D_i=1$）。多重最近邻匹配包括多重无放回最近邻匹配和多重有放回最近邻匹配。具有与X_i较近的多个X_j的网络访问固定样本单元被选择为匹配单元，需要确定对每个目标样本单元要选择多少个匹配单元以及权重是多大。进一步计算$Y_{0i} = \sum_{mj} = 1 W_j Y_{0j}$，其中$Y_{0j}$为与目标样本（$D=1$）中第$i$个单元所对应的匹配样本（$D=0$）中第$j$个单元的目标变量值，$W_j$为权重，$m$为匹配单元的个数，则$Y_{0i}$为与$Y_i$匹配的目标变量值。除了最近邻匹配之外，还可采用卡钳与半径匹配（Caliper and Radius Matching）、分层或区间匹配（Stratification or Interval Matching）、核与局部线性匹配（Kernel and Local Linear Matching）等匹配方法选择匹配单元。

3. 基于样本匹配的线上、线下混合访问

由上述分析可知，我们根据线下概率样本从网络访问固定样本中抽取匹配样本，匹配样本本质上近似于概率样本。将匹配样本与线下概率样本相混合，共同完成调查项目。一般市场调查项目可分为连续性和非连续性两种，两种不同类型项目的线上、线下样本混合方法略有不同。

连续性市场调查项目，可以根据过往采集的线下样本为目标样本匹配线上样本，然后将线上匹配样本、线下当期样本混合，完成调查。如果线上匹配样本能够满足调查抽样要求（样本结构、样本量），则可以仅通过访问线上匹配样本完成调查项目；如果线上匹配样本不能完全满足调查抽样要求（样本结构、样本量），则需依靠线上匹配样本、线下当期样本共同完成调查项目。

据此，我们可以尝试将根据调查项目往期的线下样本匹配到的网络访问固定样本作为针对该项目的特定固定样组，每期执行时均在项目特定固定样组中随机抽样完成线上调查，可以结合线下样本调查，共同完成调查项目。

非连续性市场调查项目，首先需在线下随机抽样部分样本进行访问调查，再根据当期线下随机样本在网络访问固定样本中选择匹配样本，邀请匹配样本完成调查，线上、线下样本混合共同完成调查。

四、实证研究

到目前为止，我们已在不同类型的十几个市场调查研究项目中进行了线上、线下样本混合的可行性检验。测试项目均通过线上、线下两种方式，依照项目具体要求同期执行。线下调查主要以入户调查的概率样本为主，线上调查则针对线下样本为目标样本通过样本背景还原或样本匹配的方法选取样本。根据调查结果数据选取合适的统计学检验方法，分析线上样本和线下目标样本的调查结果之间是否存在显著性差异。如果两者之间存在显著性差异，则在一定程度上说明线上样本不能与线下样本相混合，不能共同客观可靠地反映目标总体的实际情况。反之，则说明线上样本与线下样本可以混合为一个整体样本，能够客观反映目标总体的实际情况，调查结果具有可靠性和代表性。

1. 电视品牌调查

某城市电视品牌调查主要内容是电视观众对于电视频道品牌价值、

频道公信力、频道引导力、频道影响力、频道传播力等方面的评价。该项目的受访者为年龄在 15—69 岁的电视观众（平均每周至少收看一次），完成该项目问卷调查的线上样本有 1170 个，线下随机样本有 1500 个。

（1）倾向得分匹配

由于在样本背景还原之后进行检验的效果并不理想，于是我们对线上、线下样本的倾向得分进行匹配（PSM）。我们这里选用的是最近邻法，进行单一无放回的一对一精确匹配。匹配容差（卡钳半径）设为 0，选取性别、年龄、教育程度、职业为协变量，精确匹配出的样本共计 490 对。倾向得分匹配具体实现过程在 R 中进行。见表 3-6-1。

表 3-6-1　　　　　　　　倾向得分匹配结果

匹配类型	计数
完全匹配	490
模糊匹配	0
不匹配（包括缺失键）	1010
不匹配（键有效）	1010
抽样	单一无放回
匹配尝试次数	355783 次
匹配容差（卡钳半径）	0.000

由表 3-6-2 和表 3-6-3 可以看到，在样本匹配之前，网络访问固定样本中随机抽样的样本与线下概率样本在性别、年龄、教育程度、职业间均存在结构性差异；而在样本匹配后，匹配样本与目标样本在各个背景信息间的分布都更均衡可比。

从数据可以看到，倾向得分匹配可以有效消除线上、线下样本在性别、年龄、教育程度、职业等混杂变量上存在的偏倚，使匹配样本与目标样本间不存在显著的结构性差异，此时匹配样本本质上可近似于线下概率样本。匹配样本的规模和分布取决于网络访问固定样本的

表 3-6-2　样本匹配前的线上、线下样本结构特征

样本结构	线下 1500 样本	线上 1170 样本	p 值
性别			
男	50.0%	49.4%	0.743
女	50.0%	50.6%	
年龄			
10–19 岁	5.8%	0.2%	0.000
20–29 岁	28.5%	26.3%	
30–39 岁	21.1%	51.8%	
40–49 岁	20.3%	18.0%	
50–59 岁	15.4%	2.9%	
60 岁以上	8.9%	0.8%	
教育程度			
小学及以下	1.8%	1.1%	0.000
初中	7.6%	0.6%	
中专/技校/高中	33.0%	3.4%	
大学专科	34.6%	25.7%	
大学本科及以上	23.0%	69.2%	
职业			
公司职员	30.5%	47.5%	0.001
离退休人员	15.9%	1.8%	
商业服务人员	8.8%	3.1%	
学生	8.0%	1.4%	
教学、科研、医生、律师等专业技术	4.1%	15.1%	
企业、事业单位、集体单位管理人员	4.1%	12.4%	
其他未列出	28.6%	18.7%	

表 3-6-3　　样本匹配后的线上、线下样本结构特征

样本结构	线下 490 样本	线上 490 样本	p 值
性别			
男	50.0%	50.0%	1.000
女	50.0%	50.0%	
年龄			
10-19 岁	0.0%	0.0%	1.000
20-29 岁	35.7%	35.7%	
30-39 岁	42.3%	42.3%	
40-49 岁	18.8%	18.8%	
50-59 岁	2.6%	2.6%	
60 岁以上	0.6%	0.6%	
教育程度			
小学及以下	0.2%	0.2%	1.000
初中	0.2%	0.2%	
中专/技校/高中	1.4%	1.4%	
大学专科	45.9%	45.9%	
大学本科及以上	52.2%	52.2%	
职业			
公司职员	48.6%	48.6%	1.000
教学、科研、医生、律师等专业技术	13.5%	13.5%	
企业、事业单位、集体单位管理人员	9.6%	9.6%	
行政事业单位职员	9.0%	9.0%	
商业服务人员	3.5%	3.5%	
自由职业者	3.5%	3.5%	
其他未列出	12.3%	12.3%	

规模和结构，网络访问固定样本规模越大，样本结构分布越均匀，匹配出的样本规模越大，分布越均匀。相应地，线上样本能替代线下样

本的程度越高。即在混合样本中,线上匹配样本的混合程度越高。如果网络访问固定样本的规模和结构分布有限,则可能会出现匹配出的样本规模和结构有限的情况,这种情况会对样本混合造成一定程度的影响。

(2)线上、线下样本显著性差异检验

上述过程实现了线上匹配样本的选择,接下来通过对比490对线上、线下样本在调查结果间是否存在显著性差异,以判断线上匹配样本是否可以和线下概率样本相混合,调查结果是否可靠且有代表性。基于样本匹配的线上、线下样本在"哪些电视频道在第一时间报道社会热点方面做得较好?"这个问题上的回答表现出来较强的相关性和一致性,Pearson卡方检验的概率p值为0.127,在0.05的显著性水平下,我们没有足够的理由拒绝原假设,即两者的调查结果不存在显著性差异。见图3-6-1。

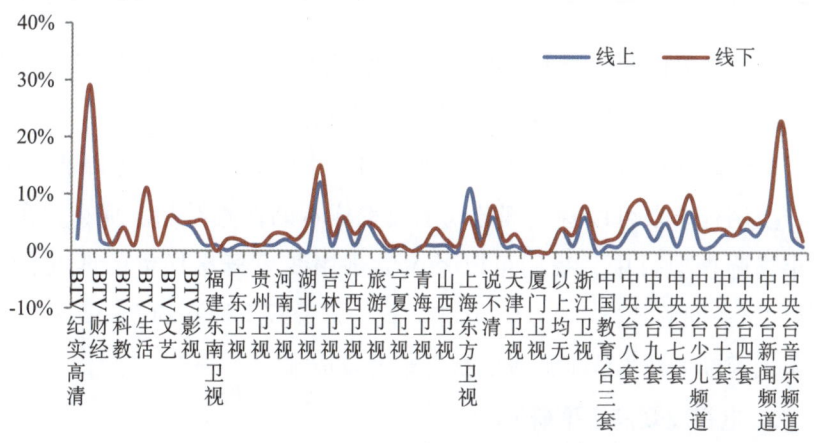

图3-6-1 "哪些电视频道在第一时间报道社会热点
方面做得较好?"调查结果比例

进而,对某城市电视品牌研究的其他相关题目进行线上、线下调查结果差异进行显著性检验(这里主要采用卡方检验)。见表3-6-4。

表3-6-4　某城市电视品牌研究线上、线下调查结果的卡方检验

调查内容	渐进 Sig.（双侧）
哪些电视频道在第一时间报道社会热点方面做得较好？	.127
哪些电视频道在搭建政府与百姓的沟通桥梁、反映民情民意方面做得较好？	.571
哪些电视频道在普及法律知识、宣传法制教育方面做得较好？	.786
哪些电视频道的节目内容健康、催人积极向上？	.570
哪些电视频道公益导向方面表现较好、能促进社会福利公益事业发展？	.563
哪些电视频道更好地体现了中国传统文化特色，例如戏剧传统、民俗传统等？	.111
哪些电视频道在帮助观众开拓视野、增长文化知识方面做得比较好？	.855
哪些电视频道的社会文化热点会让您主动探索相关领域？	.606
哪些电视频道的节目内容比较精彩，对您有吸引力？	.540
您觉得哪些电视频道在创新方面做得较好？	.685

以上结果说明，线上匹配样本与线下随机样本的调查结果已达到非常接近的程度，调查结果在统计上不存在显著性差异。

基于倾向得分匹配的方法大大减小了线上、线下调查结果差异，使线上调查结果可以替代部分线下概率样本的调查结果。那么，在实际市场调查项目中，我们可以考虑尝试用线下概率样本的匹配样本（从网络访问固定样本中抽样）来取代一部分线下样本的方法，从而可以很大程度上减少线下调查的执行难度及成本。

2. 电视观众满意度研究

电视观众满意度研究主要是通过被调查者根据自身看法以评分形式来反映对电视频道、栏目、主持人等的整体满意程度。电视观众满意度研究是市场研究的重要内容。通常是从0分到100分打分，0分表示非常不好，60分表示及格，80分表示比较好，100分表示十全十美。分数越高表示样本对该电视频道、栏目、主持人越满意。

首先进行倾向得分匹配（PSM），具体过程同前述，这里不再重

复。其次，对线上匹配样本与线下样本的调查结果进行差异显著性检验。这里我们选用多元统计轮廓分析法。对电视频道（栏目）满意度调查结果进行平行轮廓、重合轮廓检验及水平轮廓检验。由于篇幅限制，我们这里仅对线上、线下各 20 个样本关于 CCTV-4、CCTV-10、旅游卫视、CCTV-9 的满意度评分进行部分展示。见表 3-6-5。

表 3-6-5　某城市线上、线下样本对电视频道满意度评分的调查结果

线下满意度调查结果					线上满意度调查结果				
样本编号	CCTV-4	CCTV-10	旅游卫视	CCTV-9	样本编号	CCTV-4	CCTV-10	旅游卫视	CCTV-9
1	90	91	92	80	1	100	99	98	80
2	90	91	92	80	2	80	60	80	60
3	85	95	93	92	3	80	90	70	80
4	85	95	93	92	4	80	60	90	85
5	80	70	90	80	5	80	80	80	80
6	80	70	90	80	6	80	70	70	80
7	68	86	70	65	7	82	80	90	87
8	68	86	70	65	8	80	80	100	80
9	90	80	93	80	9	92	95	99	91
10	85	86	89	83	10	100	100	100	100
11	95	96	95	63	11	70	80	98	75
12	92	95	93	92	12	90	70	80	80
13	85	89	85	83	13	80	80	85	80
14	85	88	92	84	14	80	85	90	70
15	88	86	90	86	15	85	90	98	90
16	80	90	92	85	16	80	90	80	80
17	90	80	93	80	17	99	90	100	90
18	85	86	89	83	18	80	90	70	90
19	95	96	95	63	19	60	60	70	60
20	92	95	93	92	20	90	95	99	94

表 3-6-6 展示的是平行轮廓检验的结果，四种不同的检验统计

量的 p 值均为 0.739，表示在 0.05 的显著性水平下均通过检验，只有在通过平行轮廓检验的情况下才可进行重合轮廓检验。

表 3-6-6　线上、线下电视频道满意度评分的平行轮廓检验

多变量检验[a]

效应		值	F	假设自由度	误差自由度	显著性
因子 * Channel	比莱轨迹	.019	.420[b]	3.000	64.000	.739
	威尔克 Lambda	.981	.420[b]	3.000	64.000	.739
	霍特林轨迹	.020	.420[b]	3.000	64.000	.739
	罗伊最大根	.020	.420[b]	3.000	64.000	.739

表 3-6-7 展示的是重合轮廓检验的结果，四种不同的检验统计量的 p 值均远大于 0.05，表示在 0.05 的显著性水平下均通过检验，只有在通过重合轮廓检验的情况下才可进行水平轮廓检验。

表 3-6-7　线上、线下电视频道满意度评分的重合轮廓检验

主体内效应检验

测量：　MEASURE_1

源		III 类平方和	自由度	均方	F	显著性
因子 * Channel	假设球形度	59.809	3	19.936	.428	.733
	格林豪斯-盖斯勒	59.809	2.694	22.198	.428	.712
	辛-费德特	59.809	2.862	20.894	.428	.724
	下限	59.809	1.000	59.809	.428	.515

表 3-6-8 展示的是水平轮廓检验的结果，四种不同的检验统计量的 p 值均远大于 0.05，表示在 0.05 的显著性水平下均通过检验。

上述结果依然表明线上匹配样本与线下样本调查结果一致，统计上不存在显著性差异。

3. 消费者研究（U&A）

消费者研究基本上是对快速消费品、耐用消费品、奢侈品等各类消费品的消费态度和习惯研究。本文以某品牌汽车消费者研究的相关调查为例，首先进行倾向得分匹配，线上匹配样本、线下目标样本共

第3编 中国广告及营销市场趋势

表 3-6-8 线上、线下电视频道满意度评分的水平轮廓检验

主体间效应检验

测量：　MEASURE_1

转换后变量：　平均

源	III 类平方和	自由度	均方	F	显著性
截距	1895450.132	1	1895450.132	3509.201	.000
Channel	353.309	1	353.309	.654	.422
误差	35649.059	66	540.137		

250 对。见图 3-6-2。

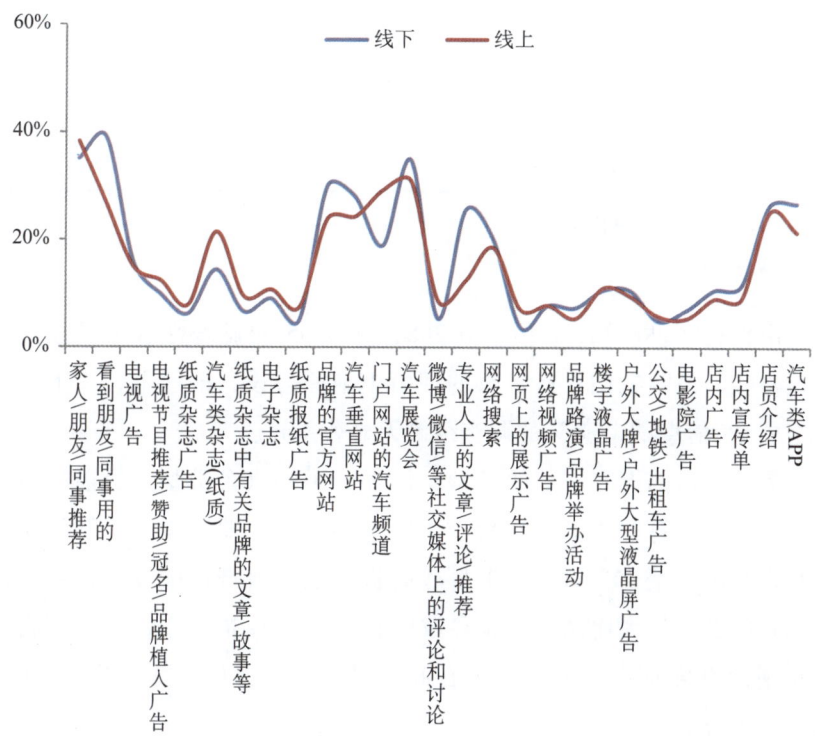

图 3-6-2 关于"关注汽车信息的渠道"问题的线上匹配样本与线下目标样本的调查数据

除卡方检验外，我们还可以利用非参数检验办法——威尔克森符

号秩检验的方法来检验调查结果间的差异，非参数检验具有无需对总体分布作假定的优点。检验结果如表3-6-9。

表3-6-9　　　　　Wilcoxon 符号秩检验

秩

		N	秩均值	秩和
0.-1	负秩	15[a]	15.67	235.00
	正秩	12[b]	11.92	143.00
	结	1[c]		
	总数	28		

检验统计量[a]

	0.-1.
Z	-1.107[b]
渐近显著性（双侧）	.268

a. Wilcoxon 带符号秩检验。
b. 基于正秩。

由检验结果可知，p 值为 0.268，在 0.05 的显著性水平下通过显著性检验，说明我们没有足够的理由拒绝原假设，即线上、线下关于"关注汽车信息的渠道"的调查结果无显著差异。

另外，目前拥有汽车的类型、打算购买的汽车类型、目前拥有的汽车价位、打算购买的汽车价位、影响买车的主要因素、了解汽车信息帮助最大的渠道、对汽车上哪些高科技电子或舒适配置感兴趣等汽车消费问题，均大比例通过非参数检验（由于篇幅问题，这里不再重复呈现检验结果），由此说明，在此类问题上，线上、线下调查结果无显著性差异。

4. 媒介接触习惯研究

媒介接触习惯研究主要通过对受访人群媒介接触途径、媒介接触时间、媒介接触内容及目的等方面的研究全面了解受访者的媒介接触习惯。

选取测试项目线上样本 1000 个、线下样本 500 个,以性别、年龄、教育程度、职业、个人月收入这些背景信息为协变量,通过倾向得分匹配过程,匹配成功的样本对数共计 243 对,对其调查结果进行差异显著性检验,结果如图 3-6-3 所示。

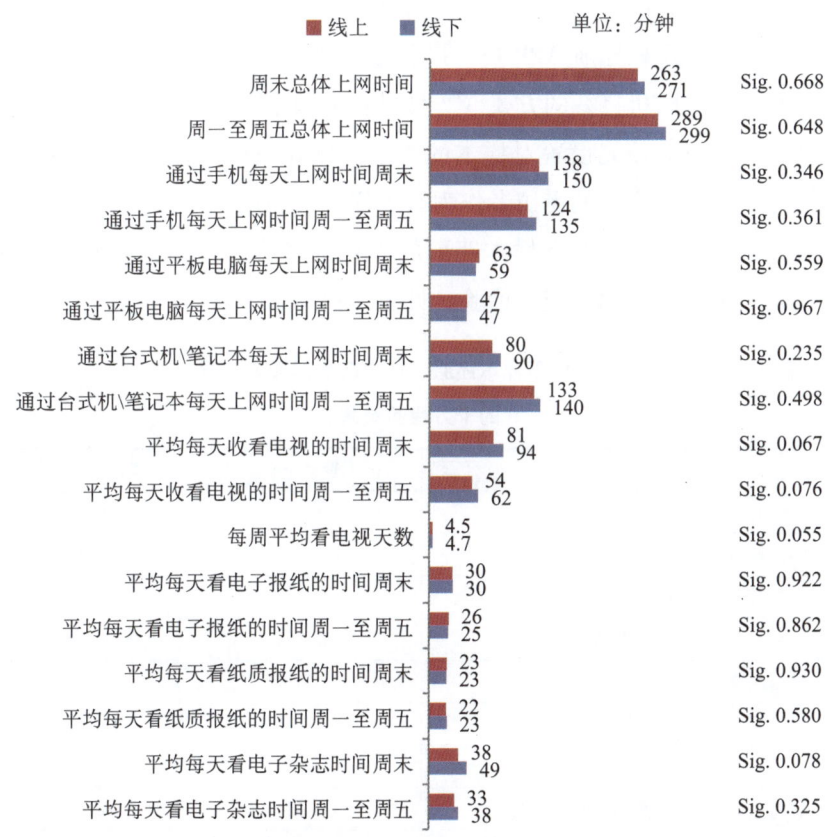

图 3-6-3 某城市媒介接触习惯研究线上、线下调查结果
均值及独立样本 t 检验结果

线上匹配样本与线下目标样本调查结果平均值非常接近,独立样本 t 检验的双尾检验 sig 值均大于 0.05（95% 置信度）,由此说明,线上匹配样本与线下目标样本间的媒介接触习惯无显著差异。因此,线上匹配样本可以和线下样本相结合,调查结果能够客观反映调查目标

人群媒体接触习惯的实际情况。

5. 广告效果评估

广告效果通常包括广告传播效果和销售效果,广告效果评估主要根据消费者对于各种媒体,如报纸、杂志、电台、电视、户外广告等的接触情形研究广告活动或广告作品对消费者所产生的影响。

本文以某手机导航APP户外广告效果评估为例,线下通过在广告投放媒介附近随机拦截的方式(方便抽样),同期进行网络访问固定样本调查。项目会预先设置对样本的要求,比如说线上调查要求必须是一周之内看过该广告的受访者作为有效样本参与调查。

通过样本背景还原和样本匹配的方式选择线上样本,并与线下样本调查结果进行对比及统计检验。见表3-6-10。

表3-6-10 线上、线下样本还原、样本匹配的调查结果的卡方检验结果

	样本背景还原 sig.	样本匹配 sig.
1. 广告喜欢程度	0.525	0.984
2. 广告创意评价	0.203	0.884
3. 认为其他人是否会喜欢	0.100	0.839
4. 今后是否介意/还想看到	0.058	0.628
5. 是否值得看	0.671	0.359
6. 看过这则广告后的品牌看法	0.025	0.330
7. 广告片信息是否提及	0.057	0.312
8. 看完这则广告后的购买/使用意愿	0.004	0.255
9. 推荐意愿	0.673	0.253
10. 看到广告后的行为变化	0.078	0.209
11. 品牌好感度	0.329	0.208
12. 品牌印象评价	0.774	0.205

可见,该项目通过样本背景还原的调查结果通过检验的比例小于倾向得分匹配。但两种方法都可以一定程度上缩小线上、线下调查结果之间的差异。

通过对性别、年龄等背景信息的简单还原，发现在我们现有的线上、线下调查数据检验过程中无显著差异的比率较低，也就是说，利用性别、年龄简单配额抽样的方式，依然无法有效消除其他背景信息，例如教育程度、职业、收入、婚姻状况等混杂因素造成的影响，故调研结果仍然会存在偏倚。但是作为一种效率较高、简单易行、成本低廉的抽样方法，我们不能忽略其价值，在实际项目执行过程中要具体问题具体分析。

通过上述若干项目的实证，可知，基于倾向得分匹配的样本匹配法则可以有效消除样本结构间的偏倚，减小因样本结构差异导致的调查结果之间的显著性差异，我们倾向于利用该种方法将线上样本与线下样本有效混合。

五、结论

本文通过样本背景还原和样本匹配的方法逐步建立线上、线下混合访问的新型市场调查方法，在保证传统统计调查总体代表性的基础上着力解决传统调查方式周期长、成本高、调查难度大等问题，并进一步拓展网络访问固定样本这种新型调查方式在市场调查行业中的深度应用，促使线上调查在市场调查行业中获得更为广泛的认知和接受。经过若干项目的试验论证，线上、线下混合访问的调查方式不仅在市场研究理论上站得住脚，而且在调查实践中具备更强的可应用性。这种尝试对市场调查行业调查体系的良性发展具有重要的学术价值和应用价值，可以作为一种科学的调研方式在实际调查项目中进行尝试及推广。

特别地，对于文中样本匹配协变量的选择问题，由于不同类型的问题涉及的被调查群体的背景信息均存在或大或小的差异，我们不可能以偏概全地就使用某个或某几个固定的协变量来诠释所有被调查人群的背景情况，因此我们倾向于利用相应领域的专家咨询及行业经验来进行协变量的选择，另外还应注意以下几点：①排除与处理因素有关，但与结局无关的变量；②排除可能由处理因素的施加而发生改变的变量；③排除可以完美预测处理因素的变量；④客观变量较主观变量在减小混杂方面更具优势。

网络访问固定样本采用受访者利用计算机进行自主填答的方式，而线下调查一般是受访者利用平板电脑（CAPI）由访问员辅助填答，这种由访问方式造成的差异属于抽样调查中的偶然误差差异。显而易见，线上自填和线下访问员辅助面访之间存在着不可避免的偶然误差，我们只能通过优化线上问卷本身或提高访问员自身素质和访问效率来尽可能地减小这种差异。而线上自填和线下访问员辅助面访自己本身都存在无法规避的误差，其差异除了刚提到的偶然误差，还跟很多社会因素有关，比如线上线下群体填问卷时的心理因素，身体因素和其他无法预知的因素之间的差异，这在所有的研究和分析中都是存在的。以上所提到的所有线上自填和线下访问员辅助面访之间的差异是无法消除，只可减少的。在实际分析中，这类差异不会过分影响分析结果，我们可以暂且忽略这种差异带来的影响，如果实在出现完全不合理的分析结果，才需要考虑这种差异超出控制所带来的后果。

方法局限性：网络访问固定样本的匹配样本替代部分线下概率样本，与线下概率样本混合的规模，受限于网络访问固定样本的规模和样本结构。线上样本规模越大、分布越均匀，则匹配样本的过程越容易操作，匹配出的样本越多，分布也越均匀，即能够替代线下样本调查的比例越高，整个市场调查过程效率越高、成本越低。一般地，如果网络访问固定样本超过目标样本大小的 5 倍，则样本匹配几乎是无偏的，并且与目标样本的抽样分布几乎是相同的（这里假设网络访问固定样本回答率为 100%），当网络访问固定样本较小时，特别地，如果网络访问固定样本大小与目标样本大小的比率比 5 还小，可能会造成样本匹配的不完美。所以，大力发展网络访问固定样组是当前市场调查的迫切需求。

参考文献

[1] Svensson J. Web panel surveys—can they be designed and used in a scientifically sound way? [C]. 59th World Statistics Congress, 2013.

[2] Rivers D. Sample matching—representative sampling from internet panels [J]. Polimetrix White Paper Series, 2006.

[3] Vavreck L, Rivers D. The 2006 cooperative congressional election study [J]. Journal of Elections, Public Opinion & Parties, 2008, 18 (4): 35 -66.

[4] Baker R, Brick J M, Bates N A, et al. Summary report of the AAPOR task force on nonprobability sampling [J]. Journal of Survey Statistics and Methodology, 2013, 1 (2): 90 -143.

[5] Terhanian G, Bremer J. A smarter way to select respondents for surveys? [J]. International Journal of Market Research, 2012, 54 (6): 751 -780.

[6] Rosenbaum P R, Rubin D B. The central role of the propensity score in observational studies for causal effects [J]. Biometrika, 1983, 70 (1): 41 -55.

[7] Smith J A, Todd P E. Does matching overcome La Londe's critique of non-experimental estimators? [J]. Journal of Econometrics, 2005, 125 (2): 305 -353.

[8] Baker R, Brick J M, Bates N A, et al. Summary Report of the AAPOR Task Force on Nonprobability Sampling [J]. Journal of Survey Statistics and Methodology, 2013, 1 (2).

[9] 刘展, 金勇进. 基于倾向得分匹配与加权调整的非概率抽样统计推断方法研究 [J]. 统计与决策, 2016 (21): 4 -8.

[10] 刘展, 金勇进. 大数据背景下非概率抽样的统计推断问题

[J]. 统计研究, 2016 (3): 11-17.

[11] 刘展, 金勇进. 网络访问固定样本调查的统计推断研究[J]. 统计与信息论坛, 2017 (2): 3-10.

(本文作者：王霄，CTR 运作及样本中心资源管理部；李金玲、罗志亮、刘允强，CTR 运作及样本中心样本调研部)

后记

自2004年以来，CTR已经连续15年举办了CTR洞察高峰论坛，论坛依托CTR的连续调查数据，每年发布最前沿的中国消费市场、媒介市场及广告市场的权威趋势数据，为行业解读市场的基本趋势。而《中国消费与传媒市场趋势》一书则是洞察高峰论坛的出版延续。

《中国消费与传媒市场趋势2018－2019》已经是CTR连续六年出版的第六册了。如果仅仅看其中一册，会帮助我们对中国消费市场和传媒市场有一个时点的了解。如果看了其中两三册，或许会感到本书的结构、内容与上一本大体相似。但如果阅读了连续数年出版的各册，就可能对中国消费及传媒市场的变化有了趋势性的认识。

当前，我们正处在经济和生活快速变革的时代。在变革的大潮中，市场机会不断涌现，"风口"、"热点"、"爆款"等也成为一些企业追逐的目标。但是，能够不断创新，持续发展和增长的企业则一定会把握市场变化基本趋势。对趋势的判断和把握需要的不是简单的去追逐一个时点的变化，更不是仅仅追逐"风口"、"热点"，而是通过一个一个时点的连续变化了解持续变化发展的大趋势。

CTR之所以连续举办洞察高峰论坛，连续出版《中国消费与传媒市场趋势》，就是因为我们熟知连续数据对于认识趋势的意义和价值，因此要把我们二十三年来对中国消费市场、传媒市场、广告及营销市场的连续研究中所发现的中国市场的基本趋势奉献给业界的读者。这正是连续出版"市场趋势"一书的价值所在。

在连续六年负责这本书的组稿、编辑和修订的过程中,我也更加深刻地体会到CTR对这项工作的重视以及对"市场趋势"一书客户的价值。没有公司领导的支持,没有各部门研究人员的参与,是不可能坚持六年连续出版这样一本书的。

感谢徐立军总经理亲自撰稿和指导,感谢赵梅、姜涛、虞坚三位总经理助理的撰稿和支持,同时感谢战略发展部总经理刘会召的指导,以及公司各研究部门、运作部门和市场公关部的大力支持。参与本书出版策划及组稿的还有:段春卉、金兴、张峥、易佳、赵雅文、王家伟、韩璐,参与写作的作者有:徐立军、赵梅、姜涛、虞坚、韩璐、吴婕、乔实、曹健、刘碧汀、王之府、李昀铂、冯锦、万强、孟月、郑致美、王娜、李聪、曹雪妍、毛继萍、王玉飞、王霄、李金玲、罗志亮、刘允强和姚林。全书由姚林进行通稿。

最后,还要感谢中国财政经济出版社的大力支持。六年来,我们有五年是与中国财政经济出版社合作完成这本书的。出版社对这本书高度负责的编辑和精益求精的要求,使我们这本书以优异的质量与读者见面并形成了连续出版物的统一风格。

姚 林

2017年9月